Eva Zoller

Die kleinen Philosophen

Vom Umgang mit «schwierigen» Kinderfragen

verlag pro juventute

Für all jene Kinder, die zu diesem Buch ihre Gedanken und Bilder beigetragen haben: Michael und Nadja, Charly und Kim, Rahel und Roman, Valentin und Alexander, Claudia, Charis und Hana ...

Fotos:
Robi Morf (Umschlag, S. 9, 12, 23, 33, 45, 55, 67, 75)
Marianne Forrer (S. 62)

Lektorat: Katja Klingler

4. Auflage 2000 mit aktualisiertem Literatur-Verzeichnis

Satz und Druck: B & K Offsetdruck GmbH, Ottersweier
Einband: Großbuchbinderei Spinner, Ottersweier
Printed in Germany
ISBN 3 7152 2043 0

Vorwort

Von kleinen und großen Philosophen

In diesem Buch geht es ums Philosophieren und um jene Menschen, die diese Tätigkeit ausüben:

Nein, nicht um die großen Philosophen, die das gründliche Nachdenken als Beruf gewählt haben, sondern um all jene «normalen» Alltags-Philosophen und -Philosophinnen, die im Leben immer wieder vor bedeutsamen Fragen stehen, denen sie ernsthaft nachgehen möchten.

«Kleine Philosophen» – das sind wir alle, vor allem aber sind es kleine und größere Kinder, die das Staunen und Fragen noch nicht verlernt haben, oder Jugendliche und Erwachsene, denen es im Leben nicht nur auf das «Wie macht man das?» ankommt, sondern die auch wissen wollen, warum und wozu und ob überhaupt etwas Bestimmtes getan werden soll/kann/darf/muß.

Staunen, zweifeln, neugierig den Dingen auf den Grund gehen ... So haben große Philosophen ihre Tätigkeit beschrieben. Eltern wissen aus Erfahrung: Genau diese Fähigkeiten bringen schon unsere Kleinsten – oft bis zum Überdruß – mit. Sie fragen uns Löcher in den Bauch, bis uns beinah die Luft ausgeht. Soll man ihnen die Fragerei nicht besser abgewöhnen?

Im Gegenteil! Dieses Buch möchte zeigen, wie man den Wissensdurst erhalten und sogar noch fördern kann. Es will allen Eltern Mut machen, sich anstecken zu lassen von der unbeschwerten Neugier und den bohrenden Fragen der kleinen Philosophen und dazu auffordern, sich mit den Kindern gemeinsam auf den Weg ins Unbekannte zu begeben, dahin, wo wir Erwachsenen nicht immer alles schon besser wissen (oder meinen, besser wissen zu müssen).

Oft genug sind es dann die kleinen Philosophen/Philosophinnen, die sich dort viel leichter zurechtfinden als wir, und die uns liebevoll bei der Hand nehmen und führen werden ...

Eva Zoller

Inhalt

Was war vor dem Anfang?

Können Blumen auch traurig sein? oder denken?

Weiss mein Kätzchen, dass ich ein Mädchen bin?

Wo ist Opa jetzt?

Warum dürfen immer die Grossen bestimmen?

Warum sagen wir „Stuhl" und nicht ein anderes Wort?

Wieso wacht man immer wieder auf?

Warum hast du weisse Haare?

Wann fängt morgen an?

Wieviel ist unendlich?

Warum kann der Strauss nicht fliegen?

Wie können bloss die grossen Bäume in meinen Kopf hereinkommen?

Wann ist man tot?

Wo ist eigentlich die Mitte des Himmels?

Woher kommen die Bilder, die ich träume?

Gibt es Engel wirklich?

Wann ist nie?

Einleitung

Fragen über Fragen

Philosophieren ist die Kunst, im richtigen Moment die richtige Frage zu stellen.

Der berühmte griechische Philosoph Sokrates nannte sein Philosophieren die «Hebammenkunst», denn seine Mutter war Hebamme, und Sokrates wußte, was es bedeutet, etwas Lebendiges gebären zu helfen. Auch er half, allerdings bei einer anderen Art von Gebären: Er tat dies durch geschickte Fragen an seine Mitbürger, an Junge und Alte, an Handwerker und Politiker. Keiner war vor seinen unerbittlichen Fragen sicher, aber so manchem gelang es, dadurch die eigene Weisheit zu entdecken und ans Licht der Welt zu bringen.

Beim Philosophieren mit Kindern und Jugendlichen sollten die Eltern (oder auch Lehrkräfte) versuchen, «sokratische Hebammen» zu sein, damit ihre Kinder ermutigt werden, eigenständige Ansichten und Meinungen zu entwickeln.

Doch wie läßt sich die Kunst des richtigen Fragens lernen?

Dieses Buch kann und will keine Patent-Rezepte dafür anbieten. Es lädt aber Eltern und Erziehende ein, die eigenen Möglichkeiten und Fähigkeiten im Umgang mit der Weisheit zu entdecken, indem es in sokratischer Manier Fragen zum Überdenken anbietet.

Als Ausgangspunkt für jedes Kapitel dient jeweils eine der typischen «schwierigen» Kinderfragen. «Kleine Philosophen» pflegen uns auf diese Weise aufzufordern, uns ernsthaft mit ihnen auseinanderzusetzen. Nehmen wir die Herausforderung an oder blocken wir ab mit einer schnellen Antwort, von der wir selber nicht so recht überzeugt sind?

Wer mit Kindern philosophieren will, muß bereit sein, selbst einzutauchen in die Welt der ungelösten Fragen, muß versuchen, viele (scheinbare!) Selbstverständlichkeiten mit kindlich unverbrauchten Augen nochmals neu anzusehen, und keinesfalls geht es ohne die Überzeugung, daß Kinder ernstzunehmende Gesprächspartner für uns Erwachsene sind.

Wenn die zu jedem Thema aufgeworfenen Fragen in erster Linie dazu da sind, daß der/die erwachsene Leser/in selbst ins Philosophieren gerät, so bietet der Rest des jeweiligen Kapitels vor allem praktische, pädagogische Hilfe an: Welche Kinderbücher eignen sich, um mit Kindern zur gewählten Thematik ins Gespräch zu kommen? Welche Übungen oder Spiele passen dazu? Welche anderen Hilfsmittel stehen zur Verfügung, um Erkenntnis zu erweitern?

Philosophieren heißt ja auch, nach Erkenntnis zu suchen. Traditionellerweise ist dafür vor allem der Kopf zuständig. Doch beim Philosophieren mit Kindern reicht dies nicht aus. Als «Freund der Weisheit» (Philos Sophia) hat schließlich jeder Mensch gleich drei nützliche Werkzeuge mit auf den Weg bekommen: Neben dem Verstand (um zu *verstehen*) braucht es die (inneren und äußeren) Augen, um einzu*sehen* sowie die Hände, um *hand*elnd zu begreifen. Mit anderen Worten: Wer erken-

Sokrates (469–399 v. Chr.) war ein unbequemer Mensch, denn er ließ nichts unhinterfragt. Die Athener ärgerten sich darüber und verurteilten ihn schließlich zum Tode.

Auch heute sind eigenständige Denker nicht immer beliebt, aber ohne sie droht auf der Welt mehr als ein Mensch zu sterben: Gedankenlosigkeit ist – neben der Gefühlskälte – wohl eine der gefährlichsten «Krankheiten», die sich die Menschheit leistet ...

nen will, muß zuerst einmal seine Augen (und überhaupt seine ganze, vielfältige Wahrnehmungsfähigkeit) aufmerksam einsetzen. Sodann braucht es natürlich den wachen, klaren Verstand, aber auch den Mut, ihn zu benützen, selbst wenn dies manchmal unbequem ist (siehe Sokrates!). Als Drittes schließlich können bisweilen sogar die Hände helfen, damit man sich einen Be*griff* von einer untersuchten Angelegenheit machen kann.

Wie diese Werkzeuge beim Philosophieren eingesetzt werden, zeigen die folgenden Kapitel. Mit Kindern zu philosophieren (um Einsichten zu gewinnen und in sinnvolles Handeln umzusetzen) soll eine Angelegenheit von Kopf (denken), Hand (handeln) *und* Herz (fühlen) sein, denn im Herzen sitzt der Mut, und außerdem, wie schon der **Kleine Prinz** von **Antoine de Saint-Exupéry** wußte: «Man sieht nur mit dem Herzen gut!»

Vom Ernst des Philosophierens

Mit Kindern zu philosophieren soll Spaß machen: Phantasievolles Nachdenken und Überlegen, Zusammenhänge entdecken und Netze spinnen, mit Gedanken und Sprache spielen, neue Möglichkeiten und Ideen verfolgen und ausprobieren ...

Doch der Spaß hat auch eine ernsthafte Seite: Wer mit Kindern philosophiert, erzieht sie (und sich selber gleich mit!) zu sorgfältig, differenziert und selbständig denkenden Menschen, die verantwortungsbewußt und mutig zu handeln wissen. Und solche Leute braucht unsere Zeit dringend, wenn sich der Zustand unserer Welt wieder bessern soll!

1. KAPITEL

Von Kinderfragen, Sinn und Sinnen

– Ist doch klar: Weil er die bessere Nase hat!

– Und wieso hat er die bessere Nase?

– Na, eben, weil er ein Hund ist!

– Und warum haben Hunde bessere Nasen?

– Weil ... Ja, weshalb eigentlich??

Ein Kind, das diese Frage stellt, hat eine Erfahrung gemacht: Da gibt es ein Wesen, ein ihm vertrautes Haustier wahrscheinlich, und dieses Wesen kann etwas, was dem Kind nicht gelingt, z.B. unsichtbare Rehspuren verfolgen, verscharrte Knochen aufspüren, sogar die Jacke des Kindes mit bloßer Nase aus einer ganzen Reihe von Kleidungsstücken herausriechen.

Kinder identifizieren sich sehr leicht mit Tieren, deshalb fällt es ihnen auf, wenn sie entdecken, daß diese eine Fähigkeit haben, die man bei keinem Menschen findet.

Wie nun dieses besondere Riechorgan eines Hundes *funktioniert,* kann uns ein Biologiebuch, ein Hundenarr oder, mit etwas Glück, auch der Vater oder die Lehrerin erklären. Aber erhält das Kind damit die Antwort, auf welche seine Frage eigentlich hinzielte? Vielleicht!

Sehr wahrscheinlich aber wollte es gar nicht die praktisch-technische Erklärung des Phänomens, sondern es hat sich *gewundert*, was wohl der *Sinn* sein könnte, daß Hunde besser riechen können als wir Menschen.

«Das Philosophieren beginnt mit dem Staunen», sagte vor bald zweieinhalbtausend Jahren der große Denker **Aristoteles.** Und dieses philosophische Staunen erleben wir schon bei kleinsten Kindern in jenen berühmt-berüchtigten «warum-wieso-weshalb-Fragen»:

- Warum können eigentlich Hunde besser riechen als wir Menschen?
- Weshalb kann ich kein Hund sein?
- Wieso gibt es überhaupt so viele verschiedene Lebewesen?
- Warum fressen manche Tiere andere auf?
- Wieso bin ich ein Bub und nicht ein Mädchen?
- Weshalb gibt es Kinder, die krank auf die Welt kommen?

In all diesen Fragen steckt das verborgene Ahnen (und Hoffen), daß zu jedem Warum ein Darum, zu jedem Weshalb ein Deshalb gehören muß, eine Antwort, die den *Sinn* einer Sache erhellt. Doch solche Antworten sind meist viel schwieriger zu finden als rein technische Erklärungen eines Sachverhalts.

Während wir Erwachsenen dann oft mühsam unser Wissen zusammensuchen (weil wir meinen, keine guten Erzieher/innen zu sein, wenn wir die Antwort schuldig bleiben), sind Kinder selten um ein klare Auskunft verlegen. Wir erfahren sie von ihnen, wenn wir offenen Ohres zurückfragen: «Was meinst *du* denn, wieso Hunde bessere Nasen haben?»

Ob die Antwort dann, von einem wissenschaftlichen Standpunkt aus gesehen, absolut genau und richtig wäre, spielt dabei eine unbedeutende Rolle. Wesentlich dagegen ist, daß ein Kind durch seine eigene (vorläufige) Erklärung einen *Sinn* in die Sache legt, oder ihr einen Sinn abzugewinnen vermag, denn dies brauchen wir alle, um uns im Leben zurechtzufinden.

Viele Kinderfragen sind Sinnfragen

➜ Es ist wichtig, sie als solche zu verstehen, damit wir dem Kind Gelegenheit bieten können, seine eigene Ansicht dazu zu formulieren.

«Warum regnet es?» könnte z.B. eine solche Frage sein. Wenn Sie nun all Ihr Wissen um Luftfeuchtigkeit, Temperaturen, Wind und Kondensation zusammenraffen mit dem einzigen Erfolg, daß das Kind nach Ihrer Erklärung die Frage einfach wiederholt, dann ist es ganz klar, daß Sie übersehen haben, daß Ihr Kind ja etwas ganz anderes beschäftigte, nämlich die Frage: «Wo liegt der Sinn darin, daß es ausgerechnet jetzt regnet, wo ich doch gerne rausgehen möchte zum Spielen?»

Ja, wo steckt er denn, dieser Sinn? Auch ein kleines Kind kann es Ihnen mühelos erklären: «Schau doch, die Blumen haben Durst. Deshalb regnet es!»

➜ Versuchen Sie, «Hebamme» für diese Antwort zu spielen, statt sie dem Kind fixfertig zu präsentieren!

Ein anderes Beispiel schilderte mir eine Großmutter, deren Enkel sie einmal fragte: «Weshalb haben eigentlich alle Menschen einen Bauchnabel?»

Etwas verlegen habe sie zuerst nach den richtigen Worten gesucht, berichtete sie weiter, doch dann sei ihr ganz spontan die Rückfrage herausgerutscht: «Ja, was meinst *du* denn, weshalb das so ist?»

Sehr prompt und selbstsicher kam darauf die Antwort: «Ist doch klar! Damit man weiß, wo die Mitte ist!» Wußten *Sie*, daß dies der *Sinn* des Nabels ist?

Man spricht von «Nabelschau», wenn sich jemand vor allem um sich selbst kümmert, vom «Nabel der Welt», wenn eine Stadt geschichtlich gerade eine besonders zentrale Rolle spielt, und im Mittelpunkt des Rades dreht sich die «Nabe», die wohl kaum zufällig einen verwandten Namen hat.

Mit anderen Worten, auch unsere Sprache «weiß» um die Bedeutung des Nabels als Mitte. Und wer je Gefahr läuft, sein inneres Gleichgewicht zu verlieren, der tut gut daran, sich an die klare Kinderantwort zu erinnern: Wenn ich mich nämlich auf meine Mitte, eben meinen Nabel, konzentriere, ihn deutlich zu spüren versuche und mir vorstelle, wie mein Atem ihn behütend umkreist, so finde ich vielleicht meine seelische Balance wieder. Probieren Sie es aus! Dies ist auch mit Kindern durchführbar! (Mehr über solche meditativen Übungen siehe Seiten 16ff., 43, 49.)

➜ Nun gibt es immer wieder Eltern, die beim Rückfragen nur zu hören bekommen: «Weiß nicht!»

Wenn dies häufig vorkommt, sollte man sich überlegen, weshalb das so ist: Hat das Kind selber schon allzu oft diese Antwort hören müßen? Oder ist es – ganz im Gegenteil – gewohnt, immer gleich eine gescheite Antwort schön «mundgerecht» serviert zu bekommen? Aber vielleicht will es auch gar nicht sein Wissen erweitern, sondern es versucht mit seiner Fragerei einfach Kontakt herzustellen, um Zuwendung zu erfahren?

«Weiß nicht!» kann Sympton einer Art bequemer Konsumhaltung sein, wenn Kinder zu oft erleben, daß man ihnen die eigene (Denk-)Arbeit abnimmt. Welch ein Unterschied zur Einstellung eines aufgeweckten Zweijährigen, der gar nicht oft genug «selber machen!» sagen und wollen kann.

«Weiß nicht!» kann auch heißen: «Ich habe resigniert, die Großen wissen sowieso immer alles besser!» Kinder, die so reagie-

ren, haben schon zuviele fremde Antworten geschluckt, und eigene trauen sie sich nicht mehr zu.

➜ Mit Kindern zu philosophieren kann dem «Weiß nicht» abhelfen. Das Ziel ist, den Mut und die Phantasie zu eigenen Ideen zu fördern.

Hier ein paar Anregungen dazu:

❇ *Was habe ich in meinem Kopf?*

Das Kind stellt sich seitlich nah vor eine Wand, an der ein großes Zeichenpapier befestigt ist. Mit einer hellen Lampe strahlen wir seinen Kopf an, so daß dessen Schatten im Profil auf dem Blatt Papier zu sehen ist. Wir zeichnen ihn nach mit dickem Stift.

In die so entstandene Silhouette kann nun gezeichnet werden, was einem gerade so durch den Kopf geht. Man kann dazu auch erzählen, falls die Zeichenkünste nicht immer ausreichen, um alles verständlich zu machen.

Oft gelingt es, daß ein Kind während des Malens reden oder durch seine Bilder sagen kann, was es sonst «nicht weiß». (Dieser «Trick» funktioniert nicht nur beim Kopfsilhouetten-Ausfüllen! Von Kindern, denen man beim Zeichnen zu*hört*, kann man sehr viel Wichtiges erfahren!) Wenn dann Mutter oder Vater gleichzeitig in ihre eigenen «Köpfe» zeichnen, können ganze Geschichten oder Dialoge entstehen, wo abwechslungsweise jemand etwas Neues hinzuzeichnet.

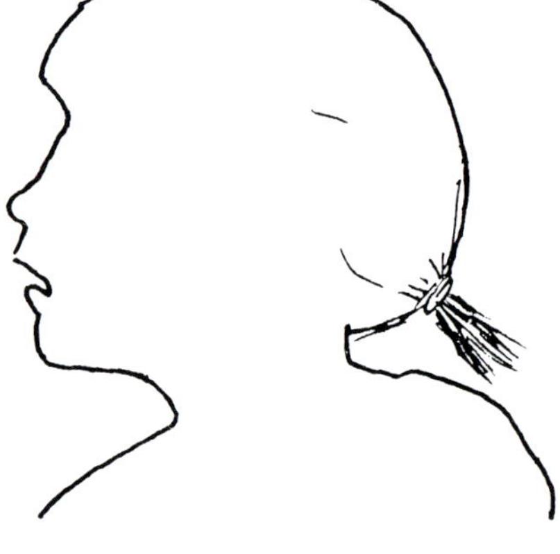

Nach unserem kleinen Hundenasen-Gespräch (siehe Seite 9) könnte das etwa so aussehen:

– Mutter zeichnet und erzählt dazu: «Schau, da spaziert Silvia mit ihrem Astor im Garten. Sie spielen zusammen.» (Letzteres läßt sie das Kind selber zeichnen.)
– M: «Jetzt hat Silvia Hunger. Sie geht in die Küche ...»
– K: «und streicht sich ein Butterbrot.»
– M: «Astor will auch davon, aber Silvia sagt: ...?»
– K: «Das ist nicht für dich. Geh, such dir doch deinen Knochen im Garten!»
– M: «Er schnüffelt und schnüffelt am Boden herum. Gut, daß er eine so feine Nase hat!»

Mit etwas Glück wird sich jetzt auch das Kind an seine Frage von Hunden und Nasen erinnern und uns belehren: «Jetzt weiß ich, warum Astor eine so gute Nase hat! Er braucht sie, damit er seine Knochen finden kann. Er kann sich ja nicht einfach ein Butterbrot streichen wie ich!»

➜ **Vielleicht fallen Ihnen noch mehr solcher «Hebammenkünste» mittels Zeichnen ein?**

Kopfumrisse können vielseitig zur Förderung der Phantasie dienen: Mal zeichnen wir unsere Träume hinein, mal unsere Wünsche, mal die unmöglichsten Gestalten, die alle einen verrückten Namen bekommen.

Mit diesen Gestalten wiederum lassen sich Geschichten erleben, die man sich gegenseitig erzählt: Ein Kind beginnt, ein anderes fährt fort usw.

Übrigens: Auch Handpuppen oder Plüschtiere, denen das Kind die Stimme leiht, können plötzlich von Dingen reden, die man zuvor «nicht gewußt hat». Und auch hier dürfen Eltern mitspielen (und gut zuhören und staunen!).

Unsere Sinne besser nutzen

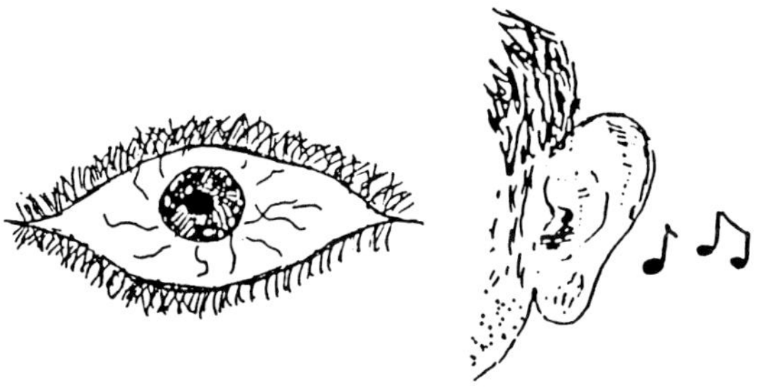

«Gib mer Ouge, wo chöi luege,
i wett meh als nume gseh!
Gib mer Ohre, wo chöi lose,
we me lost, de ghört me meh ...»

(Gib mir Augen, die schauen können,
ich möchte mehr als nur sehen.
Gib mir Ohren, die horchen können,
wenn man horcht, hört man mehr ...)

Diese Zeilen aus einem Lied des Schweizer Chansonniers **Peter Reber** passen wunderbar zum Thema Phantasie- und Wahrnehmungsförderung.

➜ **Wer seine Erkenntnis erweitern will, braucht eine exakte, feine Wahrnehmung. Deshalb üben wir mit Kindern, all unsere Sinne zu schärfen.**

❋ *«schauen statt sehen»*

«Ich sehe in diesem Zimmer etwas Rotes.» – «Ich auch!» – «Ich auch!» Jedes Familienmitglied wählt sich einen Gegenstand im Raum aus, den alle sehen können, verrät ihn aber nicht. Nun beschreibt jede/r reihum mit jeweils einer zusätzlichen Aussage sein Rotes: «Meines ist hellrot». –

«Meines hat dunkle Stellen darin.» – «Meines strahlt Wärme aus.» – «Meines glitzert.» «Meines gibt einem das Gefühl, daß man drin versinken könnte.» – «Meines ist wie ein lauter Knall.» – «Meines ist samtweich wie Katzenpfötchen ...» Erst wenn jemand alle roten Dinge nennen kann, wählen wir etwas Neues, z.B. diesmal alle etwas Viereckiges. Sie werden staunen, wieviele Vierecke Sie plötzlich entdecken, an denen Sie bisher täglich achtlos vorbeigegangen sind!

✻ *«horchen statt hören»*

Wir legen eine Schallplatte auf, die wir alle schon oft gehört haben. Nun versuchen wir zuerst einmal herauszuhorchen, wieviele Instrumente eigentlich dabei mitspielen. Jedes Familienmitglied wählt sich eines davon aus, das man sodann genau herauszuhören versucht. Wir legen nun ein großes Zeichenpapier auf den Tisch, und jede/r bekommt einen Farbstift für «sein» Instrument. (Zusatzaufgabe: Die gewählte Farbe soll zum *Klang* des Instruments passen.)

Wir legen die Schallplatte nochmals auf, und jedesmal, wenn Ihr Instrument spielt, zeichnen Sie mit Ihrer (Klang)farbe eine Linie auf das gemeinsame Blatt. Diese kann entweder einfach und gerade sein, oder aber sie zeigt zugleich die Bewegtheit eines Tones an. Manchmal werden sich die Farben ineinander verknäueln, dann vielleicht auch schön parallel schwingen ... Aber nicht vergessen: Stift weg, sobald Ihr Instrument schweigt.

Für kleine Kinder kann diese Übung vereinfacht werden, indem wir nur ein einziges oder zwei Instrumente selber spielen, während das Kind dazu zeichnet.

Statt zu zeichnen, könnte man den Klang des gewählten Instrumentes auch mit dem Körper nachahmen, indem man immer dann tanzt oder sich sonstwie bewegt, wenn der betreffende Klang zu hören ist.

Bestimmt fallen Ihnen jetzt weitere Spielmöglichkeiten ein, bei denen man das Gehör und die Unterscheidungsfähigkeit trainieren kann, und wenn nicht, so fragen Sie Ihre Kinder!

Im Anschluß an solche Spiele könnten wir einmal darüber philosophieren, worin denn nun der Unterschied besteht zwischen «sehen» und «schauen» oder zwischen «hören» und «horchen».

✻ *riechen, schmecken, tasten*

Auge und Ohr benützen wir im allgemeinen viel ausgiebiger als unsere anderen Sinne. Deshalb ist es doppelt wichtig, auch das Tasten, Riechen und Schmecken in ihrer Vielfalt kennenzulernen.

➜ Hier wiederum einige Anregungen. Erfinden Sie selbst neue Spiele dazu, Ihre Kinder werden bestimmt gerne dabei helfen!

- Wie riecht es hier in diesem Zimmer?
- Wie riecht es dagegen in der Schule? Im Freien? Wenn es Schnee hat? Im Keller?

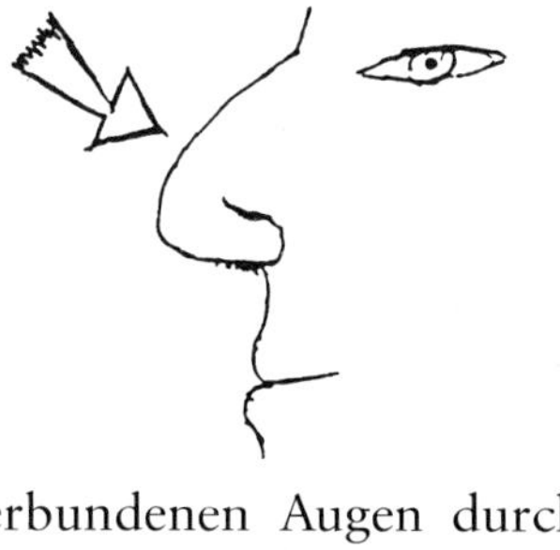

- Mit verbundenen Augen durchs Haus oder den Garten geführt werden. Gegenstände er-riechen-raten.

- Wen kannst du «nicht riechen»? Wie riecht er/sie denn überhaupt?
- Mit der Nase einkaufen: In welchem Geschäft kann man vieles erschnuppern? Ist Brot gleich Brot? Riecht es gleich, ob frisch oder alt ...
- Welchen Geschmack hast du gerade auf der Zunge?

- Wie genau schmeckt eigentlich «süß»? Gibt es verschiedene Arten davon?
- Findest du auch Dinge, die nicht zum Essen sind, die aber trotzdem einen Geschmack haben? z.B. ein Stück Holz oder ein Strohhalm ...
- Welche Apfelsorte schmeckt wie? Welche Farbe, welcher Klang paßt zu jeder Sorte?
- Was kann deine Zunge alles feststellen? (außer dem Geschmack?)
- Kannst du die Form eines Apfels mit deiner Zunge ertasten? Und nun mit den Händen. Welche Unterschiede merkst du?

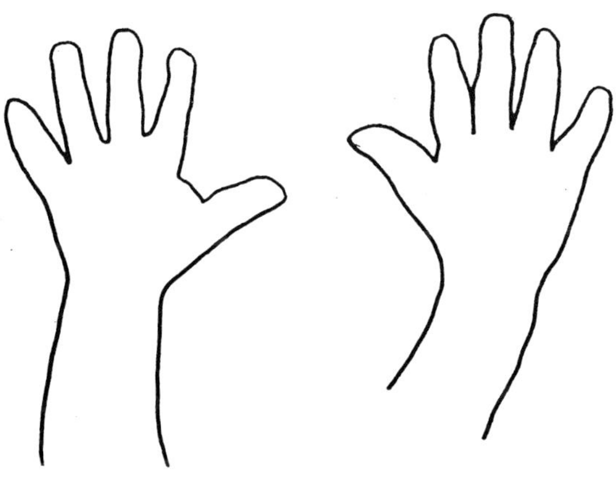

- Hast du noch andere «Tastwerkzeuge»? Spüren alle dasselbe? Unterschiede?
- Ertaste mit geschlossenen Augen einen Gegenstand. Zuerst mit der Innenseite deiner Hände, dann mit der Außenseite. Oder mal mit den Zehen. Wie ist das?
- Was läßt sich alles ertasten? Was aber nicht?

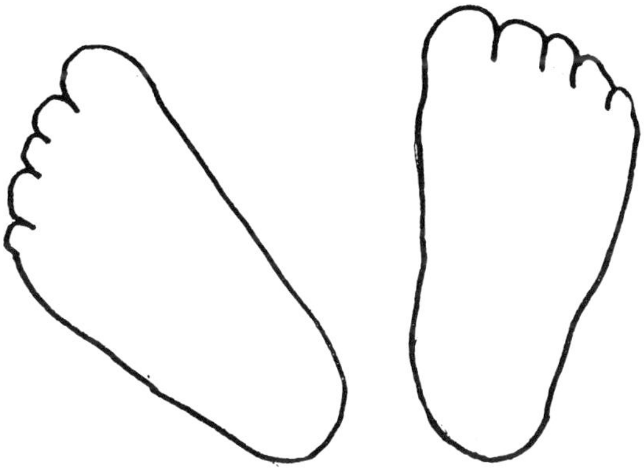

Die innere Wahrnehmung

Bevor ich Ihnen noch weitere Spiele zur Verfeinerung der Wahrnehmung vorschlage, hier ein paar Fragen zum Überdenken und Diskutieren. Fragen Sie auch Ihre Kinder, was sie dazu meinen! Einzelne Themen werden zwar für die kleineren noch zu schwierig oder vorläufig uninteressant sein, aber man sollte kleine Philosoph/innen nicht unterschätzen! Lassen Sie sich von ihren Antworten überraschen!

- Wieviele Sinne haben wir Menschen? Welche?
- Welcher gibt uns Auskunft darüber, ob wir schräg oder gerade dastehen oder gar liegen?
- Was meint man mit dem «7. Sinn»?
- Was tun die Sinne für uns?
- Haben andere Wesen andere Sinne? Welche? Was ist anders daran?

– Wenn ich die Augen offen habe, kann ich sehen. Kann man auch mit geschlossenen Augen etwas sehen?
– Stellen Sie sich einen Apfel vor! Wie «sehen» Sie ihn vor dem inneren Auge?
– Können Sie ihn auch riechen? Wie riecht er? Wie fühlt er sich an?
– Beißen Sie ihn in der Vorstellung mal an: Hören Sie das Knacken? Wie schmeckt er?
– Vergleichen Sie Ihre Antworten mit denen der Kinder. Haben alle den gleichen Apfel gesehen? Unterschiede?
– Und weiter: Stellen Sie sich den Apfel noch einmal vor. Gleich wird irgendeine Veränderung mit Ihrem inneren Bild geschehen. Tun Sie nichts Aktives dazu, sondern versuchen Sie einfach, dem Apfel und der Veränderung zuzusehen ... Was geschieht?

➜ «Kopfkino», Tagträume, Phantasiereisen sind ebenso beliebte wie wirksame Mittel, um unsere Wahrnehmungsfähigkeit zu erweitern.

Bestimmt haben Sie festgestellt, daß all unsere Sinne auch in unserer Vorstellung bestens funktionieren. Und vermutlich haben alle Familienmitglieder etwas (Unterschiedliches) mit ihrem vorgestellten Apfel erlebt. Vielleicht hing er plötzlich an einem Baum oder plumpste soeben von dort herunter? Oder er veränderte seine Farbe oder verwandelte sich in irgendein Fabelwesen? Kann sein, daß da ein Würmlein aus ihm herauskroch, zur Riesenschlange wurde und den Apfel auf seiner Nase balancierte wie ein Seehund den Ball?

Je öfter man solche Spiele zusammen übt, desto «blühender» wird unsere Phantasie, und dies bedeutet, daß wir auch auf mehr Ideen kommen, wenn es z. B. darum geht, irgendein Problem anzupacken. Außerdem macht es Kindern (und nicht nur ihnen!) meist großen Spaß. Eine Mutter berichtete mir, ihre Sechsjährige wolle immer wieder auf solche Reisen gehen, wobei sie sich dann selbst ein bestimmtes Ziel wünschen will. Statt einer Gute-Nacht-Geschichte begleitet diese Mutter ihr Töchterchen auf eine Phantasiereise, die sicher oft im Traum gleich weitergeht.

Von **Maureen Murdock** gibt es ein empfehlenswertes Buch (Bauer-Verlag 1989), das die Technik solcher begleiteter Tagträume sehr anschaulich beschreibt, mit vielen Vorschlägen und Beispielen dazu. Es heißt: «**Dann trägt mich meine Wolke ...**»

Das Überkreuzen der Sinne

Alter: sieben Jahre und darüber
Übungsdauer: fünf bis zehn Minuten
Fortsetzung: zehn bis fünfzehn Minuten (für den Austausch des Erlebten)

Legt oder setzt euch so hin, daß ihr diese Position für einige Zeit einhalten könnt. Schließt eure Augen und konzentriert euch ganz auf eure Atmung. Einatmen ... und ... aus ... ein ... und ... aus ... der Körper entspannt sich immer mehr. Gleich hört ihr Musik («Frühling» aus den *Vier Jahreszeiten* von Vivaldi), die ihr mit den Zehen wahrnehmt, ihr werdet die Musik durch eure Zehen einatmen. Jetzt atmet ihr die Musik durch eure Fingerspitzen ein. Fühlt die Musik mit euren Augen, eurer Nase und eurem Mund ... und jetzt fühlt ihr sie mit jedem einzelnen Haar auf eurem Körper. *(Eine Minute Pause)*

Jetzt könnt ihr den Geschmack der Musik spüren; sie liegt weich und zart auf eurer Zunge. Ihr riecht die Musik, und vor euch entfalten sich wunderschöne Farben und Bilder dieser Musik. *(Pause)*

Jetzt fahrt ihr mit Skiern einen langen Abhang voller Schnee zu dieser Musik hinunter, und ihr fühlt den Klang des Schnees. *(Pause)*

Stellt euch vor, daß ihr zum Klang von blauem Samt tanzt und den Duft eines Eiswürfels riecht. Schmeckt ein Gänseblümchen und seht die Oberfläche von rauhem Sandpapier. Ihr bewegt euch anmutig durch roten Wackelpudding und lauft auf Zehenspitzen durch Honig. Ihr hört ein Stück klebrigen Mausespeck und schmeckt den tiefsten Ton einer Tuba. Fühlt das Gelächter von Kindern und hört die Berührung von Katzenfell. Ihr schmeckt das was euch am meisten Spaß macht, und verbringt eine Minute Zeit, die all der Zeit entspricht, die ihr braucht, um die Bilder eines Erlebnisses zu riechen, zu schmecken, zu hören, zu bewegen und zu sehen, das euch am liebsten war. Fangt an.

(Nach einer Minute) Jetzt ist es an der Zeit, wieder ins volle Bewußtsein zurückzukommen. Werdet euch eures Körpers ganz stark bewußt, während ich bis zehn zähle. Wenn ich bei sechs angelangt bin, sollt ihr laut mitzählen. Ihr öffnet dann eure Augen und seid ganz wach und entspannt. Eure Sinne haben sich erweitert.

Eins ... zwei ... drei ... vier ... fünf ... sechs ... sieben ... acht ... neun ... zehn.

Seite 47/48

→ Wenn wir uns darin üben, nicht nur wahrzunehmen, was in der Welt draußen sicht-, hör-, riech-, schmeck- und fühlbar ist, sondern auch immer wieder in unserem Inneren auf Entdeckungsreise gehen, werden wir die kostbarsten Schätze finden!

Da gibt es die vielen Bilder, Phantasien, Vorstellungen, aber auch Ideen, Worte und ganze Geschichten, die man einander erzählen kann. Oder wir «reisen» einmal in unseren Brust- oder Bauchraum hinein und schauen uns in dieser «Schatzhöhle» nach unseren momentanen Gefühlen um: Vielleicht hüpfen da viele Zwerglein herum, wenn wir gerade sehr aufgeregt sind, oder es hängt ein dicker Nebel drin, wenn wir uns mißgelaunt fühlen? Wie sähe wohl meine Freude aus? Oder meine «Wut im Bauch»?

→ Wenn Sie solche Entdeckungsreisen selber oder mit Ihren Kindern unternehmen wollen, müssen Sie folgendes beachten:

- Man setzt sich bequem hin, so daß man guten Kontakt zum Boden hat, z.B. aufrecht auf dem Stuhl, beide Füße fest auf dem Boden. Oder man legt sich flach hin und schließt die Augen. Kinder machen auch gerne den Schneidersitz.
- Wenn man seinen Körper und dessen Kontakt mit dem Boden gut spürt, konzentriert man sich auf den Atem, der ungehindert fließen können sollte. Deshalb keine beengenden Kleidungsstücke tragen und beim Sitzen den Rücken möglichst gerade oder nur leicht angelehnt.
- Der Atem führt uns von außen nach innen; durch ihn stehen wir im Austausch mit der uns umgebenden Welt. Verfolgen wir ihn eine Weile ganz ruhig.
- Nun stellen wir uns aktiv etwas vor: den Apfel etwa, oder den eigenen Nabel, oder ein Bild aus einem Traum, der uns noch nicht in Ruhe läßt ...
- Wenn Sie ein Kind auf die Reise begleiten, bleiben Sie selber «wach»! Ihre Aufgabe besteht darin, dem Kind die Anfangsvorstellung finden zu helfen, indem Sie die Ausgangslage schildern.
- Nach einer Weile übernimmt unser Inneres meist von selbst die Führung, und wir können jetzt einfach mit allen Sinnen das Geschehen aufmerksam wahrnehmen. Das Kind kann uns dabei leise berichten, was es erlebt, und Sie können ihm da und dort eine Frage stellen, z.B.: «Wie sieht es denn in deiner Höhle aus?» – «Wie riecht es da?» – «Hat es Lebewesen darin?» – «Was tun sie gerade?» – «Wie fühlst du dich dabei?» – «Sag mir, wenn du zurückkommen möchtest!» usw.
- Greifen Sie *nicht* ein, indem Sie auf etwas Bestimmtes hinzielen, irgendeine bestimmte Antwort provozieren oder etwas verhindern möchten. Akzeptieren Sie, was kommt, und vergewissern Sie sich von Zeit zu Zeit, ob sich das Kind noch wohlfühlt dabei. Wenn nicht, laden Sie es sanft ein, den Rückweg anzutreten, zurück an die Helligkeit, an die Luft, wo es tief durchatmen kann.
- Beim Zurückkommen konzentrieren Sie (oder das begleitete Kind) sich wieder auf die Atmung, die durch den Körper fließt. Dann spüren wir wieder bewußt all unsere Glieder und auch den Boden, der uns so sicher trägt. Mit einem tiefen Atemzug und vielleicht auch mit herzhaftem, lautem Gähnen öffnen wir die Augen und bewegen uns ein bißchen: Arme strecken, Beine schütteln usw.
- Überprüfen Sie durch Augenkontakt, ob das Kind wieder ganz wach und da ist!

Mehr und genauer wahrnehmen

✻ *Zuerst ein Familien-Spiel zur Verfeinerung der Wahrnehmung:*

Die Familie (oder eine Kindergruppe) sitzt mit geschlossenen Augen im Kreis.

Der/die Spielleiter/in gibt jedem einen kleinen Gegenstand in die Hand: ein Spielzeug, eine Haarbürste, eine Gabel, eine Muschel, einen Stein usw.

Der Gegenstand wird nun mit geschlossenen Augen auf jede erdenkliche Weise erforscht: Wie fühlt er sich an? Wie ist seine Oberflächenstruktur? Welche Formen hat er? Welche Kanten, Ecken, Rundungen, weiche Stellen, rauhe, feuchte, warme ... Wonach riecht er? Riecht er überall gleich? Kann man Geräusche mit dem Ding machen? Welche? (Daran klopfen, ihn schütteln oder reiben, vielleicht kneifen oder zupfen oder ...) Wie stelle ich mir seine Farben vor? Welche Bilder entstehen in mir? Was für Gedanken erweckt er in mir? Welche Gefühle spüre ich in bezug auf den Gegenstand? Ist er mir angenehm, behandle ich ihn zärtlich oder grob oder wie sonst?

Möchte ich ihn noch lange halten oder lieber gleich weitergeben?

Und das tun wir dann wirklich nach einer Weile. Jede/r erhält nun den nächsten Gegenstand, der wieder untersucht wird. Der/die Spielleiter/in gibt immer wieder neue Impulse dazu, um das Erfahrungsspektrum erweitern zu helfen, z.B.:

- Beobachte, *wie* du den Gegenstand hältst. Vorsichtig? Fest? Zaghaft oder wie sonst?
- Welche Hand ist stärker beteiligt an der Erforschung?
- Wie gehst du vor beim Untersuchen?
- Machst du es gleich wie beim letzten Gegenstand? Was ist jetzt anders geworden?

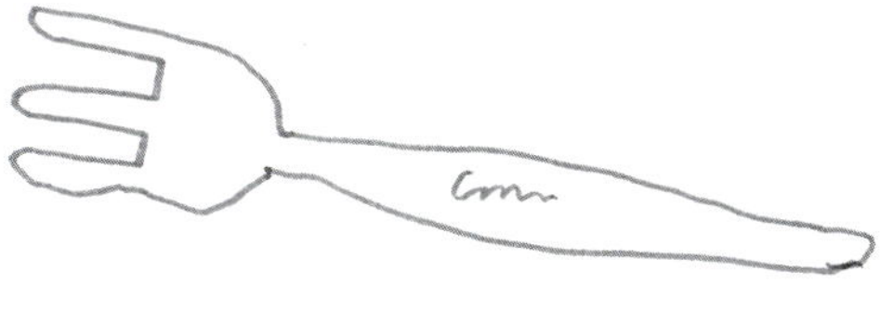

– Welches von all den Dingen war dir bis jetzt am liebsten? Warum?
– Was hättest du Lust, mit diesem hier zu machen?
– Wozu könnte es passen oder gehören?
– Ist es ein Einzelstück? Etwas Besonderes? Weshalb?
– Könntest du ihm eine Frage stellen? Was «sagt» es dir?

Erst wenn alle Gegenstände reihum sind, öffnen wir wieder die Augen und erzählen einander, was wir erlebt haben.

➜ Die meisten von uns «Westlern» tendieren dazu, nebst dem Verstand vor allem Augen und Ohren zu benützen, um sich im Leben zurechtzufinden. Wer sein Bewußtsein auch auf alle anderen Sinne sowie seine inneren Empfindungen und Gefühle lenkt, erlebt ein Vielfaches an Erfahrungs- und Orientierungsmöglichkeiten!

Wir nehmen ständig wahr, ob wir das bewußt tun oder nicht: Wir sehen, hören, spüren, fühlen ..., was um uns und in uns vor sich geht. Was von dem Vielen aber auch bis in unser Bewußtsein gelangt, ist weitgehend Gewohnheitssache.

✻ *Machen Sie einen kleinen Test mit der Familie:*

Was hat jede/r einzelne heute alles gesehen? Gehört? Gerochen? Geschmeckt? Berührt? Bei welchem der fünf Sinne fällt Ihnen am meisten ein? Wo am wenigsten?

Und wieviele Erinnerungen tauchen bei der *inneren* Wahrnehmung auf? Sind es gleichviele wie beim Sehen oder Hören? Welche Gedanken und Bilder? Und welche Gefühle und Stimmungen? Welche Körperteile, welche Muskeln, welche Bewegungen habe ich heute bewußt gespürt?

Haben Sie z.B. auch nur ein einziges Mal heute gespürt, wie es Ihrem Bauchnabel ging? Atmen Sie ihn einmal kurz an (in der Vorstellung natürlich!) und fragen Sie ihn, wie es ihm geht! Friert er? Wird er gedrückt? Fühlt er sich wohl? Was hätte er Ihnen wohl zu sagen, wenn er sprechen könnte? Sollten Sie ihn nicht verstehen können, so fragen Sie Ihr Kind. Sie werden bestimmt eine Antwort bekommen! Doch Achtung: Dies ist nicht nur eine Spielerei für Kinder! Manche Leute müssen erst ein Magengeschwür produzieren, bevor sie auf die Idee kommen, daß ihnen etwas «auf dem Magen liegt». Sie sind nicht gewohnt, auch ihren Körper «zu Wort kommen» zu lassen und auf ihn zu hören, wenn er laut und deutlich «sagt»: «Halt, stop! Zuviel! Ich halte es nicht mehr aus! Gönn mir eine Pause!» Oder hat etwa Ihr Rücken noch nie solche «Worte» gebraucht, wenn Sie dabei waren, sich zu überarbeiten?

➜ Kindern ist die Vielfalt der Wahrnehmungsmöglichkeiten noch viel selbstverständlicher zugänglich. Hüten wir uns davor, es ihnen durch Unachtsamkeit oder übertriebene «Vernünftelei» abzugewöhnen!

Doch was hat das alles mit dem Philosophieren zu tun?

➜ Sensibilisierungsübungen allein sind zwar noch keine Philosophie, aber sie dienen dem Philosophieren insofern, als sie uns ermöglichen, differenzierte Anschauungen von den Dingen zu haben, und dies ist unerläßlich für ein sorgfältiges Nachdenken und das daraus erwachsende Erkennen.

Vom großen deutschen Philosophen **Immanuel Kant** (18. Jh.) gibt es die Aussage: «Ohne Sinnlichkeit würde uns kein Gegenstand gegeben, und ohne Verstand keiner gedacht werden. Gedanken ohne Inhalt sind leer, Anschauungen ohne Begriffe sind blind ... Der Verstand vermag nichts anzuschauen, und die Sinne nichts zu denken. Nur daraus, daß sie sich vereinigen, kann Erkenntnis entspringen.»

Vom Sinn und den Sinnen

Friedrich Nietzsche, der bekannte, kontroverse Denker des 19. Jahrhunderts, brachte *den Sinn* mit *den Sinnen* in einen Zusammenhang: Nur wenn wir auch unsere Sinne ernstnehmen, leben wir *sinnvoll.*

Ich möchte Ihnen hier keine Philosophie-Lektion erteilen. Wenn Sie mehr darüber wissen wollen, so lesen Sie einmal Nietzsches schönstes Buch «Also sprach Zarathustra»! Dessen Thema ist der Sinn des Lebens. Man benötigt aber nebst dem Verstand viel Intuition und alle Sinne, um erfassen zu können, was Nietzsche darüber zu sagen hat, denn es steckt voller rätselhafter Sprachbilder, durch welche Zarathustra seine Einsichten darlegt.

Hier aber möchte ich Sie gerne noch einladen, zum Schluß dieses ersten Kapitels ein wenig selbst zu philosophieren:

❋ *Versuchen Sie, die folgenden Fragen ganz aus Ihrem persönlichen Wissensschatz heraus für sich zu beantworten.*

➜ **Und: Wenn Ihre Kinder schon bald keine Kinder mehr sind, werden auch die gerne mitdiskutieren zu diesen Themen. Tauschen Sie Ihre Ansichten mit ihnen aus! Es sind ernstzunehmende Gesprächspartner.**

«Sinn-Fragen»:

- Was könnte der Grund sein, daß wir für den *Lebens*-«Sinn» und den *Wahrnehmungs*-«Sinn» zweimal dasselbe Wort benützen?
- Und was haben die folgenden Ausdrücke für einen *Bedeutungs*-«Sinn»:
  - in diesem Sinn und Geist
  - es kommt mir in den Sinn, daß ...
  - sinngemäß geht es hier um ...
  - ich habe im Sinn ...
  - er verlor die Besinnung
  - sinnvoll, sinnlos, sinnreich, sinnenhaft, sinnentleert, sinnig, sinnen, sinnieren, versonnen, besonnen ... (Gibt's noch mehr davon?)

– Wann bezeichnen Sie etwas als «sinnvoll»? Wann als «sinnlos»?
– Wann, wo und wie erleben Sie Sinn?
– Brauchen wir Sinn?
– Gibt es *den* Lebenssinn? Wie sähe der Ihrer Meinung nach aus?
– Müssen wir Sinn suchen? oder selber herstellen? oder ihn geben? oder ihn verstehen? – Oder was sonst?

Weiterführende Literatur:

Kinderbücher, die ins Philosophieren über Sinn oder Sinne führen können
(Wie man das praktisch tut, werden Sie im Laufe der folgenden Kapitel noch genauer erfahren.)

Korky Paul und Valerie Thomas: Zilly, die Zauberin, Parabel Zürich 1989.
Allerlei über Farben und deren Sinn, und was geschieht, wenn man un-sinnig damit herumzaubert.

Ursula Enders: Li-Lo-Le Eigensinn, Anrich Verlag Kevelaer 1992.
Die eigenen Sinne und Gefühle kennen und zu deren Wahrnehmung stehen. Ein spaßig-ernsthaftes Bilderbuch zur Mißbrauchsprophylaxe.

Leo Lionni: Frederick, Middelhauve Köln 1988.
Die «philosophische» Maus Frederick sammelt Farben und Worte statt Futter. Phantasiereisen in kleinen Mäuseköpfen, und die Frage nach sinnvollem Tun – nicht nur bei Mäusen!

Edith Schreiber-Wicke: Als die Raben noch bunt waren, Thienemann Stuttgart 1990.
Welcher Rabe ist ein «richtiger» Rabe? Alles eine Frage der «Wahr-nehmung»!

Vertiefungsliteratur für Eltern zur Wahrnehmungs- und Sinn-Thematik

Zum Trainieren der äußeren Wahrnehmung:
Viele Bücher eignen sich dazu. Besonders gut ist alles, was mit Naturbeobachtung zusammenhängt, z.B.
Verena Singeisen-Schneider: 1001 Entdeckungen – Natur erleben durchs ganze Jahr, verlag pro juventute 1989.
Bücher vom Maler **M. C. Escher** oder von **Sandro del Prete: Illusorismen,** Benteli Bern 1981.

Ralph Booth: Mit allen Sinnen fröhlich sein; der Brummer Bär lädt dazu ein – Spiele, Geschichten und Lieder zur Förderung der kindlichen Wahrnehmung, Kösel München 1999.

Zur Differenzierung der inneren Wahrnehmung:
Maureen Murdock: Dann trägt mich meine Wolke, Bauer Verlag Freiburg 1989.
Reinhard Brunner: Hörst du die Stille? – Hinführung zur Meditation mit Kindern, Kösel München 1991.
Klaus Vopel: Kinder ohne Streß (5 Bde.), ISKO Press Hamburg 1991.

Zur Beantwortung von Fragen, die zwar «philosophisch» klingen, aber auch ganz handfest beantwortet werden können zum Beispiel:
Helga Hofmann und Ursula Kopp: Das große Buch der Antworten auf Kinderfragen, Falken Niederhausen/Ts. 1990.

Zur Sinnfrage ein psychologisch-philosophisch wichtiges Buch:
Viktor E. Frankl: Der Mensch vor der Frage nach dem Sinn, Piper München 1985.

2. KAPITEL

Von Unterschieden und Ähnlichkeiten, von Phantasie und Realität

Bei einem Zoobesuch gibt es vieles, worüber sich kleine und große Kinder wundern: Warum hat der Elefant einen Rüssel? Weshalb heißt der Seehund «Hund», er hat ja gar keine richtigen Beine! Wieso schlafen die Löwen die ganze Zeit? Oder eben: Warum kann der Strauß nicht fliegen, wenn er doch «Vogel Strauß» heißt?

Bevor wir angestrengt versuchen, all die Antworten gleich fixfertig zu liefern, erinnern wir uns doch kurz ans vorangegangene Kapitel und erlauben uns erst mal ein nachdenkliches «Hmm ...», und nach einer gekonnten «Kunstpause» fragen wir dann unbeschwert zurück: «Ja, was meinst denn *du*?»

Wenn Sie gut zuhören können (wenigstens wenn Sie jeweils genügend Zeit dazu haben), so werden Sie jetzt bestimmt eine zutreffende Erklärung serviert bekommen, die Ihnen zeigt, was das Kind schon alles selber weiß: Die Löwen schlafen, weil sie müde sind. Klar. Oder weil es heiß ist, oder weil sie gerade nichts Besseres zu tun haben. Oder ... Oder weil sie der Zuschauer überdrüssig sind ...? könnten Sie nun vielleicht noch anfügen. Wenn das Kind in Spiellaune ist, kann das Antworten fast endlos weitergehen, manchmal bis zum Ulk (das fördert die Phantasie!). Manchmal aber führt es auch nur zu einer einzigen, ernsthaften Antwort, die dem Kind vorläufig genügt, um das Erlebte in sein bisheriges Wissensnetz einordnen zu können.

Bei Kinderfragen über Tiere schwingt oft noch das versteckte Anliegen mit: Und wie ist das mit *mir*? Warum habe *ich* nicht auch so einen Rüssel? Wieso kann *ich* eigentlich nicht fliegen wie die Vögel? Ein Kind geht damit einer der ältesten philosophischen Forderungen nach; sie stand geschrieben über dem Eingang zum Orakel des Apollo (des Gottes der Weisheit) in Delphi, und heißt: **Erkenne dich selbst!**

➜ Indem wir Kinder immer wieder die Ähnlichkeiten entdecken lassen, die uns mit den Tieren verbinden, und indem wir zugleich auf die Merkmale achten, die uns von ihnen unterscheiden, betreiben wir eine Art philosophischer Anthropologie (Menschenkunde).

Eine wunderbare Möglichkeit, mit Kindern über Tiere und Menschen ins Gespräch zu kommen, sind natürlich – nebst ausgiebigen, häufigen Zoobesuchen – die vielen herrlichen Kinderbücher, die wohl in jeder Familie zu finden sind.

Eines davon soll hier als Beispiel dienen, um zu zeigen, wie man damit philosophisch umgehen könnte. Es stammt von **Ken Brown** (Parabel Verlag 1990) und heißt: **Warum kann ich nicht fliegen?**

Hier die Geschichte:

«Jeden Morgen in aller Frühe versammelten sich die Tiere am Flußufer.

Ich wünschte, ich könnte fliegen! dachte der Strauß eines Tages. ‹Warum kann ich nicht fliegen?› fragte er den Spatz.

‹Vielleicht ist dein Hals zu lang›, zwitscherte der Spatz.

‹Die Flamingos haben auch lange Hälse, und trotzdem können sie fliegen›, antwortete der Strauß. ‹Also, warum kann ich es nicht?›»

Der Spatz schlägt dann noch vor, daß es wegen der zu langen Beine oder der zu kurzen Flügel sein könnte, doch immer findet der Strauß andere Vögel, bei denen dies auch kein Hindernis ist. So meint der Spatz schließlich, daß er vielleicht eben einfach zu wenig übe.

«Fleißig üben, das ist es! dachte der Strauß. Der wird sich noch wundern, der Spatz!»

Er versucht alles, um es «allen zu zeigen». Und bei seinen ulkigen Versuchen lernen wir auf den Bildern so ganz nebenbei eine Menge klar bestimmbarer Vogelarten kennen, die ihm zuschauen.

Als alles nichts zu nützen scheint, wird der Strauß erfinderisch: Er baut sich Flugmaschinen und künstliche Flügel, doch ohne Erfolg. Zum Glück hat er lange Beine und einen langen Hals, die retten ihn jeweils nach dem Absturz.

Beim dritten Versuch schließlich gelingt es ihm, hoch in der Luft zu bleiben ... Doch keiner ist da, um es zu sehen, denn ... (siehe auf der folgenden Doppelseite!)

❋ *Einige Fragen, die das Kind zum Äußern seiner eigenen Ansichten einladen können:*

- Was hältst du von dieser Geschichte?
- Was glaubst du, wie sie weitergehen könnte?
- Wie gefällt dir, was die Vögel für den Strauß tun?
- Welcher von den vielen Vögeln in der Geschichte möchtest du am liebsten sein? Weshalb?
- Würdest du an seiner Stelle gleich gehandelt haben?
- Wozu nützen dem Strauß seine langen Beine und der lange Hals?
- Warum kann der Strauß wohl nicht wirklich selbst fliegen?

Bei dieser wunderschön gemalten Geschichte gibt es die verschiedensten Möglichkeiten, um mit Kindern ins Gespräch zu kommen. Stellen Sie Fragen, die das Kind zum Äussern *seiner Meinung* veranlassen: «Wenn *du* der Spatz wärst, was würdest du dem Strauß raten?» Oder: «Kann man alles lernen, wenn man nur fleißig genug übt?» (Kann man??? Manche Eltern sagen das nämlich zu ihren Kindern! Ob sie es selber glauben??)

Nicht fragen würde ich ein Kind, ob Strauße wirklich Flugmaschinen bauen können, denn für jedes Kind ist es eine Selbstverständlichkeit, daß *dieser* hier es tut und kann. Dagegen könnten wir fragen, *weshalb* er es denn könne, ein «richtiger» Strauß wohl aber nicht. Und daran anschließend würden wir gemeinsam ganz viele Unterschiede suchen zwischen einem *gemalten* und einem *«echten»* Strauß:

- Was kann der eine, was der andere?
- Wie könnte der eine, wie der andere aussehen?
- Wie weiß ich, ob es sich um ein gemaltes oder fotografiertes Bild von einem Strauß handelt?
- Gibt es den Strauß noch auf andere Weise als gemalt, fotografiert oder «echt»? Wie?

«‹Wo seid ihr denn alle?› rief er enttäuscht. ‹Wo ist der Spatz? Ich kann fliegen, und niemand von euch sieht es! Hinterher wird mir keiner glauben ...›»

Aber ja, alle glaubten ihm!

Wie gut, wenn man Freunde hat! Durch sie wird manchmal sogar das Unmögliche möglich gemacht.
Aus **Ken Browns «Warum kann ich nicht fliegen?»**

– Und wenn ich den Strauß in meinem Kopf habe, wie sieht er dort aus? Ist er ein Bild? Oder ein Gedanke? Oder eher nur ein Wort? Oder ein Klang?

– Was kann der Phantasie-Strauß in meinem Kopf tun oder haben, was der «richtige» nicht kann? Usw.

Bestimmt ist es Ihrer geschärften Wahrnehmung nicht entgangen, daß ich «echt» oder «richtig» jedesmal mit Anführungsstrichen versehen habe. Was glauben *Sie*, weshalb? ... ?

➜ Bei solchen Unterscheidungsspielen mit Kindern geht es unter anderem darum, zu erkennen, was «real» ist. Real bedeutet «wirklich», und dies kommt von «wirken» oder «be-wirken». Welcher Strauß ist denn nun der «wirkliche» oder «reale»?

«Der reale Strauß ..., das ist natürlich der lebendige!» würde uns ein eingeschworener Realist wahrscheinlich erklären. Aber ist dieser Zoo-Vogel der einzige «wirkliche», der «wirkt», der etwas «bewirkt»? Ist nicht ein gemalter Vogel Strauß, der erfährt, wo seine Grenzen sind, ein sehr «wirksamer» Vogel, indem sich jedes Kind problemlos mit ihm identifiziert und dabei erfaßt, daß man – auch mit gutem Willen – *nicht* alles lernen kann?

Der Philosoph **Paul Watzlawick** hat sich einmal mit der Frage abgemüht: «Wie wirklich ist die Wirklichkeit?» Bei den Kindern geht es uns um die einfachere Erfahrungsweisheit, daß es mehrere Arten von «Wirklichkeit» oder «Realität» gibt, und daß es nicht förderlich ist, die eine herablassend als «nur ein Märchen!», «nichts als ein Traum!» oder «bloße Phantasie!» zu bezeichnen.

Bestimmt muss schon das kleine Kind lernen, daß es handfeste und bisweilen gefährliche «Tag-Realitäten» gibt, wo einem z.B. ein Auto tatsächlich totfahren könnte; daneben aber gibt es die phantastischen, traum-artigen oder «Nacht-Realitäten», wo alles möglich ist, was man sich nur ausdenken kann. Kinder sollten auch lernen, daß eine Geschichte so wahr sein kann, wie ein Märchen wahr ist, oder aber so wahr, «wie ich hier stehe», denn sonst werden sie nicht begreifen können, was eine Lüge ist. Mit andern Worten: Das Kind lernt Phantasie und andersartige, «harte» Realitäten *unterscheiden*, nicht mit dem Ziel, nur die eine als wertvoll anzusehen und anzustreben, die andere aber tunlichst zu meiden und herabzuwürdigen. Kinder sollen nur *erkennen* lernen, in welcher der beiden Welten sie sich gerade aufhalten, damit nicht geschieht, was **Michael Ende** in seiner **Unendlichen Geschichte** (Thienemanns Verlag) sinngemäß so beschreibt:

➜ Wahrheiten aus dem Lande «Phantásien» werden in der Menschenwelt zu Lügen, wenn sie auf die falsche Weise zu uns gelangen. Und «Phantásien» muß sterben, wenn keine Kinder mehr hinübergehen. Wer aber einmal nach «Phantásien» gelangt ist, sich dort jedoch vergißt, der geht verloren. *Das heißt, es ist äußerst wichtig, den richtigen Übergang von der einen in die andere Welt zu kennen.* Doch der richtige Weg hinüber und zurück ist sehr schwer zu finden, jedenfalls für die «superrealistischen» Erwachsenen unter uns. Kinder dagegen kennen ihn meist noch. Tragen wir Sorge, daß sie ihn nicht vergessen!

Das ist der Grund, weshalb wir das Unterscheiden immer wieder mit den Kindern üben sollten. Hüten wir uns aber, die Phantasie oder «Nacht-Realität» als minderwertig einzustufen, oder nur das Greif-

und Sichtbare als das «Richtige», «Echte» zu deklarieren, denn dadurch würden wir den Kindern (und uns selbst!) eine ganze Welt entziehen, ob es sich dabei nun um Träume, Märchen, ausgefallene Ideen oder andere wichtige Dinge in unserem Leben handelt.

«Phantásien» soll nicht sterben!

Unterschiede und Ähnlichkeiten

Unterschiede auf drei Ebenen

Eine der wichtigsten und grundlegendsten Techniken allen Philosophierens ist es, vorhandene Unterschiede klar und genau wahrzunehmen und zu erkennen. Dies geschieht sowohl auf der Ebene der inneren und äußeren Sinneserfahrung (wie wir im ersten Kapitel gesehen und geübt haben), als auch auf der Ebene der Sprache und des Denkens. Drittens schließlich möchten wir mit dem Philosophieren auch erreichen, daß Kinder auf der Handlungsebene mehr verschiedene Verhaltensmöglichkeiten entdecken.

Zur sprachlich-begrifflichen Ebene: Philosophieren bedeutet hier, daß wir auf kritisches (das heißt wörtlich: «unterscheidendes») Denken sowie eine differenzierende (Unterschiede machende) Ausdrucksweise achten, und zwar nicht nur, indem wir moralisierend von den Kindern fordern, «schöner» zu reden oder «bessere» Aufsätze zu schreiben, sondern auch durch unser eigenes Vorbild:

➜ **Überlegen wir unsere Wortwahl sorgfältig, versuchen wir, ganz genau zu formulieren!**

Schlagwort-«Denker» (denken die denn wirklich?) und Schlagzeilen-Leser gibt es genug. Wer philosophiert, versucht *mehr* zu verstehen, indem er/sie auch zwischen den Zeilen liest oder sich zusätzliche eigene Gedanken zum Gelesenen macht, anstatt nur das Vorgekaute zu schlucken (d. h. zu konsumieren).

➜ **Um diese Differenziertheit zu üben, lassen sich unzählige kleine Spiele in den Alltag einflechten.**

Wenn es sich dabei auch nicht um «hohe Philosophie» handelt, so wird damit doch eine *grundlegende Technik des Philosophierens* geübt. Und wenn dann ab und zu auch noch ein *Thema von tiefergehender Bedeutung* dazukommt, dürfen wir zu Recht behaupten: Wir können ja philosophieren miteinander!

✻ *«Mein Löffel und dein Löffel»*

In einem ordentlichen Haushalt hat es lauter gleiche Löffel. Doch halt! Schauen wir uns die Sache einmal genauer an! Welche Unterschiede entdecken wir? Sehen sie wirklich alle genau gleich aus? Ist da nicht ein kleines Fleckchen auf meinem? Und deiner riecht so komisch, hast du etwa schon den Kaffee damit umgerührt? Fühlen sich die Griffe bei beiden gleich an? Wie klingt es, wenn man damit auf die Hand klopft?

Nicht nur bei den Sinneserfahrungen werden wir Unterschiede feststellen: Mein Löffel wurde schon von mir benützt, deiner nicht. «Mein» Löffel gehört mir eigentlich gar nicht, aber der von Mama gehört ihr wirklich. Meiner wurde mir von der Oma geschenkt, deinen haben wir selber gekauft. Mit meinem wurde schon mal im

Sandhaufen gespielt. Meiner «parkt» jetzt gerade schön neben meinem Teller. Und meiner kann fliegen, schaut nur her!

→ Verzweifeln Sie nicht, wenn dabei kurzfristig die mühsam erarbeiteten Tischsitten vergessen werden. Die Kinder lernen dafür eine ganze Menge an freiem, kreativem Denken!

Dieses Spiel läßt sich mit beliebigen Gegenständen zuhause oder unterwegs spielen. Es brauchen aber nicht immer sinnlich wahrnehmbare Dinge verglichen zu werden: Wir könnten uns auch einmal darüber unterhalten, was wohl der Unterschied sei zwischen deiner Wut und meiner Wut! Oder zwischen Wut und Zorn. Oder zwischen ängstlichem und trotzigem Weinen. Oder zwischen «Ich schimpfe mit dem Kind» und «Das Kind schimpft mit mir» ...

✻ *«Alle Vögel sind schon da»*

Eine weitere Spielvariante ergibt sich, wenn wir Kinderbücher zusammen anschauen, wie etwa die Geschichte vom Strauß. Hier sind so viele Vögel gemalt, die man vergleichen kann: Störche und Flamingos (ähnlich in der Form, was Hals- und Beinlänge betrifft, und doch können *sie* fliegen, der Strauß aber nicht). Spatz und Strauß haben beide kurze Flügel, aber nur der Spatz kann damit auch fliegen! Warum?

Und wenn wir mal all die fliegenden Bilderbuch-Vögel beobachten, so werden wir Dutzende von verschiedenen Flügelstellungen entdecken. Kinder können diese nachspielen. So erfahren sie zusätzlich durch die Körperbewegung, wie vielfältig Vögel fliegen, und wenn sie das nächste Mal fliegende Vögel zeichnen, dann werden es vielleicht nicht mehr nur die stereotypen Doppelbögen sein, wie viele Kinder sie malen.

Die Vögel sind in diesem Buch sehr realistisch gemalt. Es sind vor allem solche aus Afrika. Die meisten davon werden Sie im Zoo finden können. Nehmen Sie das Buch mit und lassen Sie die Kinder entdecken, welche Arten tatsächlich in Ihrem Zoo anzutreffen sind, und wie sie sich von den gemalten unterscheiden.

→ Bei solchen Unterscheidungsspielen achten wir darauf, möglichst viele unserer menschlichen Fähigkeiten abwechslungsweise miteinzubeziehen: Sinne, Verstand, Gedächtnis, Gefühle, Körper, Bewegung, ... Und was Kinder dabei herausfinden, kann ebenso vielfältig ausgedrückt werden: sprachlich, bildhaft oder mit dem Körper nachahmend usw.

Ähnlichkeiten: Das Wesentliche und die Zusammenhänge

→ Die Gegenübung zum Unterscheiden besteht darin, Ähnlichkeiten oder gar die Gleichheit zwischen den Dingen festzustellen. Dies dient dazu, dem Wesen (oder dem *Wesen*-tlichen) einer Sache auf die Spur zu kommen sowie dem Entdecken von Zusammenhängen – auch dort, wo sie nicht so offensichtlich zu Tage treten.

Auch aus den Ähnlichkeiten lassen sich wieder anregende Denkspielereien entwikkeln.

Wie verschieden man doch fliegen kann! Kinder finden vielleicht noch zusätzliche Bewegungsmöglichkeiten mit ihren Armen.

❊ *Die Löffel*

Alle unsere Löffel haben einen Stiel (oder Griff). Alle bestehen aus ... Alle gehören hier in diesen Haushalt. Alle befinden sich zur Zeit in diesem Raum. Alle gefallen mir (nicht) ...

Wieder suchen wir nach sinnlich Erkennbarem, nach mit dem Verstand Wißbarem, nach aus der Erfahrung Abrufbarem, nach dem das Gefühl betreffenden Gemeinsamen usw.

Erst ganz zum Schluß versuchen wir dann die Frage zu beantworten: Und was macht denn jetzt einen Löffel zum Löffel?

❊ *Die Vögel*

Alle können fliegen ... Oder? Eben nicht! Alle haben Flügel ... Pinguine auch? Alle haben Schnäbel ... Ist das Schnabeltier auch ein Vogel? Alle legen Eier ... Oder gibt es auch Lebendgebärende, so wie bei den Fischen, die ja sonst auch Eier legen? Alle haben Federn ...

Wenn wir alle tatsächlichen Gemeinsamkeiten gefunden haben, dann – und eigentlich erst dann – *wissen* wir wirklich, was ein Vogel ist. Und wir haben dabei gelernt, welche Vielfalt mit einem einzigen kleinen Wort gemeint sein kann.

✻ *Vögel und Löffel*

Was haben diese beiden so unterschiedlichen Dinge an Gleichem oder Ähnlichem? Das soll kein Witz sein, sondern die Erweiterung des Spiels um einen Schwierigkeitsgrad: Welche Gemeinsamkeiten lassen sich selbst hier finden? Gibt es die überhaupt?

→ Diese Spielvariante hilft, Zusammenhänge zu entdecken, und zwar auch dort, wo sie nicht so leicht erkennbar sind, wo man zuerst gar keine vermuten würde. Eine phantasieanregende Übung zum Vernetzungs-Denken!

Ich will Ihnen die Arbeit (und den Spaß beim Phantasieren) diesmal nicht abnehmen. Lassen Sie sich von den Kindern helfen. Vielleicht kommen die auf die Idee, daß Löffel als Flügel dienen könnten (siehe Tischmanieren!) ...

So stellt sich Rahel einen Löffel-Vogel vor.

Einige Bücherhinweise:

Zum Hin-und-her zwischen Phantasie und All-Tages-Realität

Michael Ende: Die unendliche Geschichte, Thienemann Stuttgart 1979.
Von der Wichtigkeit, beide Welten zu kennen und den richtigen Übergang zu finden. Ein ganz außerordentlich reiches, schönes Buch zu dieser Thematik.

Jack Kent: Drachen gibt's doch gar nicht, Ravensburger 1987.
Weil die Mutter Felix nicht glaubt, daß ein Drache in seinem Zimmer sitzt, wächst und wächst dieser so lange, bis seine Existenz «bewiesen» ist. (ab 6 J.)

Hanna Johansen: Dinosaurier gibt es nicht, Nagel & Kimche Zürich 1994.
Das selbe Thema für «realistische» Kinder etwa ab 10 Jahren. Der kleine Compsognatus wächst an Erfahrungen durch seine unstillbare Neugier, indem er über die Menschen so einiges Seltsames erfährt ...

Nele Moost: Wenn die Ziege schwimmen lernt, Wolfgang Mann Verlag Berlin 1998.
Ein Buch, das den inzwischen leider vergriffenen «Strauß, der nicht fliegen kann» vollwertig ersetzt. Bestens geeignet für Gespräche mit Schulanfängern!

Helme Heine: Die wunderbare Reise durch die Nacht, Middelhauve 1989.
Von der Tag-Realität in die phantastische Nacht-Realität. Auch für Unterschieds- und Ähnlichkeitensuche bestens geeignet:

Was verändert sich in mir und um mich, wenn ich einschlafe? Wie sieht meine Tagwelt, wie die Traumwelt aus? Was ist im Traum möglich, im Wachsein aber nicht? Was ist gleich, was unterschiedlich in beiden Zuständen? Auf der Reise stehen dem Kind zwei Begleiter bei: Zwerg «Schlaf» mit seinem gestirnten blauen Mantel und seiner Mondlaterne sowie seine Schwester «Traum» mit buntem Zylinder und ihren schillernden Seifenblasen ... Auf jedem Bild sind beide zu sehen, aber manchmal muß man ganz genau beobachten, um sie zu finden!

Für weitere Unterscheidungsspiele:

Friedrich Karl Wächter: Wir können noch viel zusammen machen, Parabel 1989.
Vogel, Fisch und Schwein, je ein Tier des Wassers, der Luft und der Erde lernen sich kennen und befreunden sich. Trotz ihrer Unterschiedlichkeit «können sie viel zusammen machen»: Mit Phantasie besiegen sie die Langeweile.

3. KAPITEL

Hinter den Sternen ... (Metaphysik) Einiges über Namen und Begriffe

Halt, halt! Nicht gleich antworten! Warum fragt Sie das Kind so? Braucht es wirklich eine exakte Lexikon-Auskunft über Himmelskörper? Will es den Unterschied zu einem Planeten wissen? Vielleicht hat es auch eine Fernsehsendung gesehen, wo Wesen aus einer fremden Welt drin vorkamen? Oder ein Satellit ist vorbeigerauscht, und das Kind hat zuerst gemeint, das sei ein «schneller Stern»? Kann aber auch sein, daß Ihr Kind einfach möchte, daß Sie noch ein Weilchen an seinem Bettrand sitzen bleiben!

«Wieso fragst du?» wäre in jedem Fall jetzt die beste Antwort. Wenn Sie dann zu hören bekommen: «Ach, nur so ...», dann ist der Fall klar, und es reicht, wenn Sie dem/r Kleinen erklären: «Ach, weißt du, Sterne sind wie deine Augen: Sie strahlen und schauen auf die Welt. Aber *sie* tun das in der Nacht, wenn die Menschen ihre Augen zumachen, und erst wenn es tagt, gehen sie schlafen. Dann ist es Zeit, daß *du* deine Augen wieder aufmachst. Und jetzt schlaf gut und träum was Schönes!»

Vielleicht aber steht Ihr Kind gerade staunend unter dem unendlichen Himmelszelt, und es versucht sich vorzustellen, wie es dort oben bei den Sternen wohl aussehen und zugehen mag. In diesem Fall können wir uns von seiner Frage anstecken lassen und im Gespräch zusammentragen, was wir beide schon alles darüber wissen. Und wenn uns das noch nicht genügt, ziehen wir einen Sternatlas oder ein Himmelskundebuch bei.

➜ Befreien Sie sich vom Anspruch, alles gleich wissen zu müssen! Sie sind dem Kind ein hilfreicheres Vorbild, wenn Sie ihm vorleben, wie man sich Wissen beschafft, statt es damit einfach nur «abzufüttern».

Eine dritte Möglichkeit wäre noch, daß Ihr Kind weder auf Kontaktsuche (an der Bettkante), noch an einer astronomischen Erklärung interessiert ist, sondern es wundert sich ganz einfach über das Wort «Stern», vielleicht, weil es gehört hat, daß manche Leute unsere Welt bisweilen auch so nennen. Und dann gibt's ja noch das Wort «Planet», damit ist die Verwirrung komplett.

Begriffsklärung: Was ist eigentlich ein ...?

Wir benutzen fast täglich Begriffe wie «Stern», «(Um-)Welt», «Erde» usw. Aber *wissen* wir auch ganz genau, wovon wir jeweils sprechen?

Kindern fällt manchmal noch auf, was wir als Erwachsene häufig übersehen: Wir sprechen nämlich oft über Dinge, die sich scheinbar «von selbst verstehen», aber gar nicht so «selbstverständlich» sind. Denken Sie nur an das Beispiel von den Vögeln! Was sind denn nun wirklich die Kriterien, damit etwas ein Vogel genannt wird? Mit dem Fliegen allein ist die Beschreibung jedenfalls noch nicht erledigt. Es fehlen Einschränkungen und Ausnahmen, und außerdem gibt es ja noch unzählige andere Dinge, die auch fliegen können, aber beileibe keine Vögel sind!

➜ Kinder wollen es eben meist ganz genau wissen. Deshalb stellen sie diese präzisen Fragen: «Was ist ‹eigentlich› (oder ‹überhaupt›) ein ...?»

Was ist überhaupt ein Stern?

Solche Fragen bedeuten: «Ich will nicht wissen, wie es sich mit diesem oder jenem Stern verhält, sondern was es *mit allen Sternen überhaupt* auf sich hat.» Oder: «Mich interessiert im Moment nicht, ob dieser Strauß hier fliegen kann, sondern *weshalb man überhaupt einem Tier ‹Vogel› sagt*. Ich dachte immer, das bedeute auch, daß das Tier fliegen kann!»

➜ Abzuklären, wie sich eine Sache *nicht nur im Einzelfall, sondern im Allgemeinen* verhält, ist eine philosophische Angelegenheit. Die gelungene Klärung hilft uns Orientierung zu finden, und dies dürfte wohl einer der Gründe sein, weshalb selbstbewußte Kinder diese Fragen so oft stellen.

«Eigentlich» oder «überhaupt» zielen auf das *Wesen* einer Sache hin, darauf, was diese Sache «wesentlich» ausmacht, was zu ihrem Wesen gehört, oder auch, was unter ihren *Begriff* fällt. Um uns diesem Wesen oder Begriff anzunähern, können wir mit dem Ähnlichkeitsspiel (siehe 2. Kapitel) die *Begriffsklärung* üben:

❋ *Was ist eigentlich ein Baum?*

Zeichnen wir doch alle einmal einen, oder stellen ihn uns mit allen (inneren) Sinnen vor!

Welche ähnlichen oder gar gleichen Merkmale haben alle unsere gezeichneten Bäume und überhaupt alle, die wir kennen?

Stamm, Zweige, Wurzeln, Blätter, Blüten, Früchte, Rinde, Holz, eine Farbe, einen Geruch, einen Standort, ein Alter, einen Zweck ...

Bestimmt haben Sie längst Einspruch erhoben, denn es gibt ja auch Nadelbäume, abgeholzte, wurzellose Bäume, gezeichnete Bäume ohne Holz oder Geruch (oder nur den vom Papier, auf das sie gemalt sind) ...

Von welchem «Baum» also suchen wir die Merkmale?

Na eben von *dem* Baum! Nicht von einem bestimmten, nicht von einer bestimmten Baumart, nicht von abgebildeten oder gedachten oder natürlich gewachsenen Bäumen, nein, sondern von *dem* Baum schlechthin: Was ist *eigentlich* ein Baum?

➜ Im Laufe dieses Spiels werden Sie und die Kinder bestimmt eine ganze Menge über Bäume ins Bewußtsein holen, woran Sie vorher nie gedacht hätten, d.h., Sie (und Ihre Kinder!) haben eine Erweiterung Ihres Begriffes vom Baum erfahren, und Sie sind seinem *Wesen* ein Stückchen näher gekommen.

Unternehmen wir noch zwei weitere Schritte zur Begriffsklärung, um ein wenig Ordnung in die Vielfalt des Gefundenen zu bringen:

a) Zum Begriffs-*Inhalt*:
Versuchen Sie einmal jene Merkmale auszusondern, die ein Ding ganz bestimmt haben *muß*, damit Sie es als Baum erkennen können. Dies sind die sogenannt «notwendigen» Bestandteile Ihrer Wesensbeschreibung: z.B. Stamm und Verzweigungen. Dann gibt es aber noch eine ganze Anzahl von «zufälligen» oder «partikulären» Merkmalen, welche ein Baum haben *kann*, ohne die er aber dennoch als Baum erkannt werden würde: Auch ein blattloser, wurzelloser, schwarz-weiß gezeichneter Stamm mit ein paar Ästen dran ist noch als Baum erkennbar. Wir verwenden sogar «Baumdiagramme», d.h. ein Strich mit verzweigter Fortsetzung, und schon erweckt dies in uns die Vorstellung von «Baum».

b) Zum Begriffs-*Umfang*:
Zählen wir einmal auf, wo überall von «Baum» gesprochen wird: Vom «baumstarken Mann» über Obst-, Zier-, Tannen-, Oster-, Plastik- und Lebensbäume bis hin zum Baumdiagramm oder zu dem Ausdruck «bäumig». Sicher verstehen wir gerade diesen letzteren nach der ganzen Übung um einiges besser als zuvor.

✻ *Stern – Planet – Erde – Welt*

Versuchen Sie nun auf ähnliche Weise, diese Begriffe zu klären!

Wir beginnen damit, sie zu zeichnen, vergleichen sie dann und sortieren die gefundenen Merkmale nach notwendigen und zufälligen Eigenschaften. Zum Schluß könnten wir noch die übertragenen Bedeutungen der Wörter suchen. Und nicht vergessen: Schulkinder können das ganz gut alles selber tun, Sie brauchen ihnen die Antworten nicht vorzugeben! Und bei kleineren vereinfachen wir das Spiel nach Gutdünken.

Danach sollte es ein leichtes sein, z.B. die folgenden Fragen zu beantworten:

- Was ist bei diesen vier Begriffen gleich?
- Was unterscheidet sie voneinander?
- Wo überlappen sich die Begriffe?
- Welche Spezialbedeutungen hat jeder?
- Wann und wie benützen wir die Wörter?
- Gibt es Doppeldeutigkeiten?
  (Planet Erde – Material Erde / Stern – Star)

➜ Beim Philosophieren findet man höchst selten *eine* einzige endgültige Antwort. Begriffsklärungen führen aber dazu, *mehr* (nie alles!) von einer Sache zu verstehen als zuvor.

Vom Physischen zum Metaphysischen

Schon **Platon** (427–347 v. Chr.), der berühmte Schüler von Sokrates, hat sich intensiv mit der Frage nach dem «Eigentlichen» auseinandergesetzt.

Seit jeher wollen Philosophen wissen, was hinter *(meta)* den Dingen steckt, was wohl das Wesen einer Sache ausmacht. Da sie in allem Gegenständlichen, in jedem einzelnen Baum, jedem Tier oder Menschen, überhaupt in allem Körperlichen *(Physischem)* die Vergänglichkeit erkannten, suchten sie nach dem, was dahinter vielleicht an Unvergänglichem liegen könnte, etwas, das sich bleibend durchhält, was das Ewige daran sein könnte. Das heißt, sie betrieben sogenannte *Metaphysik*.

Platon kam dabei zum Schluß, daß es von allen Dingen auf Erden, auch von nicht-materiellen wie Güte, Gerechtigkeit, Tugend, Schönheit usw. in einem jenseitigen «Ideenreich» ideale Vorbilder geben müsse, von denen die für uns erfahrbaren Gegenstände lediglich (ziemlich unvollkommene) Nachbildungen seien. Er nannte diese Vorbilder «Ideen», und er meinte, daß, wenn wir heute z.B. einen Baum als Baum erkennen, dies nur deshalb möglich sei, weil wir einst, vor unserem irdischen Dasein, eben jene Idee des Baumes geschaut hätten, und uns beim Anblick eines Baumes dann daran zurückerinnern würden.

Von **Thales von Milet,** der als der erste abendländische Philosoph gilt (um 500 v. Chr., Sie kennen ihn wohl aus dem Mathematikunterricht, vom Thales-Kreis!), erzählt uns Platon die folgende Anekdote:

> «Als Thales die Sterne beobachtete und nach oben blickte und als er dabei in einen Brunnen fiel, soll eine witzige und geistreiche thrakische Magd ihn verspottet haben: er wolle wissen, was am Himmel sei, aber es bliebe ihm verborgen, was vor ihm und zu seinen Füßen liege.»

Man hat den Philosophen oft vorgeworfen, sie betrieben ein unnützes Handwerk, weil sie sich «nur» um Erkenntnis bemühten, aber in der Praxis kläglich in jeden Brunnen plumpsen würden. Doch dies dürfte kaum der Grund sein, um dessentwillen Platon die kleine Geschichte erwähnt. Es geht ihm nicht darum, Thales der Lächerlichkeit preiszugeben, sondern er möchte seine Mitbürger auf jene metaphysischen Fragen aufmerksam machen, die *sie* zu Unrecht vernachlässigten, und wo sie wohl ihrerseits lächerlich versagen würden:

> «Was aber der Mensch ist, und was zu tun und zu erleiden einem solchen Wesen im Unterschied von den anderen zukommt, danach sucht er (der Philosoph) und das zu erforschen müht er sich.» *

Antworten zu suchen auf so wesentliche Fragen wie «Was ist eigentlich ein Mensch?» oder «Was kommt einem menschlichen Wesen zu, was ist seine Aufgabe?» oder auch «Was bedeutet eigentlich ‹Leiden›?» oder «Was ist überhaupt ‹Glück›?», dies hat mit unserem praktischen Leben sehr wohl etwas zu tun: Darüber nachzudenken hilft uns, den für uns passenden Weg zu erahnen und uns an den gewonnenen Erkenntnissen entlang in unserem Leben zu orientieren. Und dies ist gerade für unsere Kinder besonders wichtig, denn sie wachsen in einer Welt auf, die ihnen ansonsten nur wenig Halt bieten kann.

Oft suchen Jugendliche diesen Halt in religiösen (Sekten-)Gemeinschaften oder fragwürdigen Heilskulten. Das Philosophieren wäre für sie bestimmt die sinnvollere Alternative!

* Dieses Platon-Zitat sowie die Thales-Anekdote stehen in **Wilhelm Weischedels «Die philosophische Hintertreppe»**, Zürich 1976.

Vom Begriff und Wesen zu Name und Identität

Wenn wir Begriffe klären und uns so dem Wesen(tlichen) einer Sache nähern, sind wir mit dem Einen im Vielen, mit der Einheitlichkeit in der Vielfalt beschäftigt, denn der Begriff gibt uns das *Allgemeine* einer Sache in *einem* Wort zu verstehen. Die großen Philosophen beschäftigten sich, wie erwähnt, vorwiegend mit diesem Allgemeinen. Ihm galt ihr Interesse und gilt es auch heute noch, und nicht selten fällt dabei wieder einer – wie Thales – in den Brunnen!

Unsere kleinen Philosophen und Philosophinnen erliegen von sich aus zwar dieser Gefahr viel seltener. Sie sind ja auch – um es weiterhin bildlich auszudrücken – dem Boden noch viel näher als wir sternguckenden Erwachsenen! Dennoch: Achten wir darauf, mit den Kindern keine «abgehobene» Begriffsklauberei zu betreiben! Wir wollen nicht vor lauter Philosophieren den Boden unter den Füßen verlieren! Immer wieder sollten wir in den «Brunnen» schauen, um zu sehen, was die ganze Nachdenkerei mit uns lebendigen Wesen und unserem Alltag zu tun haben könnte. Vielleicht sehen wir dann statt des Allgemeinen hinter den Sternen plötzlich unser eigenes Gesicht im Wasser gespiegelt...

➔ Mit Kindern hie und da über *den* Menschen und *das* Menschsein zu philosophieren, ist sinnvoll und nötig. Aber dazwischen sollte es auch Gelegenheiten geben, über *mich* und *dich* als Individuen nachzudenken, zum Beispiel über den eigenen Namen oder unsere Identität!

Eine herrliche Chance, dies zu tun, bietet ein Bilderbuch von **Isolde Stark** und **Steffi Bluhm: «kleine ente namenlos»**, Kinderbuchverlag Berlin 1976.

Hier die Geschichte:

Ein mutterloses Entenküken erblickt sein Spiegelbild im Wasser. «Aha, so sehe ich also aus», sagt es zu sich, und etwas später: «Ich weiß genau, wie ich aussehe. Trotzdem weiß ich nicht, wer ich bin.» Und es macht sich auf die Suche nach einer Antwort.

Die Trauerweide weiß nur: «Du bist irgend so ein Tier.» Der Frosch hat Angst und gibt ihm gar keine Auskunft. Der Storch dagegen erklärt ihm: «Du bist ein Wasservogel.» Darüber freut sich das Küken: «Ich bin ein Wasservogel!» Doch der Fuchs unterbricht es gierig: «Quatsch nicht, du bist ein fetter Braten.»
Nun wundert sich die kleine Ente, wer denn nun recht habe, und sie fragt weiter. Die Gans lacht sie aus: «Du bist kein fetter Braten, dafür bist du viel zu mager! Sieh mich an!» Doch immerhin erfährt die Ente nun, daß sie eben eine Ente sei, und zwar eine freche!

Als sie nun andere Enten antrifft, ist sie überglücklich, bis ihr die sagen: «Wir sind ja selber auch Enten.»

«‹Aber wer bin *ich* dann, wenn ihr auch Enten seid?› rief die kleine Ente ganz verzweifelt.»

Einen Namen bräuchte sie eben, meint ein Enterich, doch liebevoll setzt er hinzu: «Name hin, Name her, dich gibt es ja doch nur einmal auf der Welt.»

«‹Wirklich?› fragte die kleine Ente ungläubig. ‹Wirklich!› bekräftigte er.»

❊ *Fragen dazu, die Sie sich oder Kindern von etwa 3 bis 12 Jahren stellen könnten:*

- Was würdest *du* dem Küken für eine Antwort geben, wer es sei? Was ist denn überhaupt eine Ente?
- Was unterscheidet sie von andern (Wasser-)Vögeln? Von andern Tieren?
- Was meinst du zur Antwort des Fuchses? Weshalb redet er so?
- Welche Antwort würde die Entenmutter geben?
- Oder was würde ein Fischlein über sie sagen?
- Wer kann einem eigentlich am besten sagen, wer man ist? Haben alle anderen unrecht?
- Weshalb ist die kleine Ente verzweifelt? Was fehlt ihr denn jetzt noch, wo sie doch unter anderen Enten ist?
- Welchen Namen würdest du passend für sie finden? Braucht sie überhaupt einen?
- Haben alle Tiere einen Namen?
- Macht es einen Unterschied, ob sie einen Namen haben oder nicht? Welchen?
- Wäre es *dir* gleich, wenn du keinen hättest? Warum (nicht)?
- Gefällt dir dein Name? Weshalb (nicht)?
- Gibt es einen, den du lieber hättest? Würde der besser zu dir passen? Wieso?
- Hast du auch einen Spitznamen?
- Sagen dir alle den Namen so, wie du ihn gerne hörst? Könntest du ihnen sagen, wie sie dich nennen sollen und weshalb?
- Welches sind die Unterschiede zwischen deinem Vornamen und dem Nachnamen?
- Was ist der Unterschied zwischen deinem Nachnamen und der Aussage, daß du ein/e Schweizer/in, ein/e Europäer/in oder einfach ein Mensch bist?

„Ich bin eine Ente“,

Unser Name ist wohl etwas vom Persönlichsten, das wir haben. Zwar konnten wir ihn nicht aussuchen, aber die meisten von uns wachsen mit der Zeit so in ihn hinein, daß er fast zur zweiten Haut wird. Unsere ganze Lebensgeschichte ist damit eng verwoben, viele gute und vielleicht auch traurige Gefühle sind damit verbunden. Er bezeichnet unsere Identität als eigenständige Persönlichkeit.

Da Kinder den Tieren emotional sehr nahe stehen, ist es ein leichtes, über dieses Bilderbuch ganz direkt an die Namensproblematik und Identitätsfrage heranzukommen. Schon wenn Sie mit ihnen noch über das Entchen sprechen, werden Sie als Eltern heraushören können, daß die Kinder mit ihren Aussagen oft zugleich etwas über sich selbst erzählen. Erst recht, wenn Sie die Fragen dann ganz direkt anbringen. Erzählen *Sie* aber auch von sich und Ihren Erfahrungen mit dem eigenen Namen! Das interessiert die Kinder nämlich genauso, und man kann sich auf diese Weise sehr schön und vertrauensvoll begegnen.

Bestimmt werden Sie in einem solchen Gespräch auch Dinge zu hören bekommen, die Sie selbst einst dem Kind gesagt haben, wie etwa: «Manchmal bin ich ein ‹Ferkel› oder ein ‹Schelm›». Das kleine Entchen wurde unsicher, als ihm die «Großen» immer wieder andere Bezeichnungen gaben. Manchem Kind geht das genauso. Wenn es etwa oft genug hören muß, es sei dumm oder frech, dann wird es dies irgendwann auch glauben, denn die «Großen» müssen es doch wissen! Wieviel Ich-Stärke bräuchte ein Kind, um es *nicht* zu glauben!

Die philosophische Denkbewegung

Wenn wir mit Kindern philosophieren wollen, beginnen wir immer bei etwas möglichst Konkretem: Bei einer besonderen Frage, die uns das Kind stellt (Stern), oder bei einer (Bilderbuch-)Geschichte mit spezieller Problematik, wie im letztgeschilderten Beispiel.

Von dort aus versuchen wir den Gedanken- und Gesprächsfaden weiterzuspinnen bis zu einer allgemeineren Ebene: Von der Erfahrung mit dem eigenen Namen (oder dem einer Identifikationsfigur) bis hin zu dem, was ein Name überhaupt ist; vom einzelnen Menschen-Namen bis zur Frage, ob eigentlich alle Wesen oder Dinge einen Namen tragen; von mir als Individuum bis zum Menschsein überhaupt ...

➜ Dies ist eine typische philosophische Denkbewegung: Vom Einzelnen, Konkreten und Zufälligen zum mehr Allgemeinen, Abstrakten und Gesetzmäßigen, aus dem wir dann in der Umkehrrichtung wiederum Schlüsse für den Einzelfall ableiten können.

Wo immer möglich, sollten wir dieses Letztere zum Abschluß einer philosophischen Auseinandersetzung auch wirklich tun, indem wir die gefundenen Erkenntnisse auf das Ausgangsbeispiel anwenden und uns darüber klar werden, wo wir jetzt, nach der Diskussion, eigentlich stehen. Beim Stern sähe dies dann z.B. so aus, daß wir nach erfolgter Begriffsklärung uns abschließend überlegten, was denn nun dieses leuchtende Ding, welches das Kind am Himmel beobachtet hatte, tatsächlich gewesen sein könnte: Ein Stern? Ein Planet? Eine andere Welt?

Aber nicht immer ist dieses Zurückkommen angezeigt, denn manchmal packt große oder kleine Philosoph/innen auch einfach die unstillbare Neugier, eine unersättliche, zweckfreie Sehnsucht, herauszufinden, was eigentlich hinter den Sternen und hinter all dem anderen Physischen liegen könnte ...: «E metaphysischs Grusle het mi packt im Coiffeur-Gstüehl» (ein metaphysisches Gruseln hat mich auf dem Friseur-Stuhl gepackt) sang der (philosophische) Berner Chansonnier **Mani Matter** angesichts der sich im Spiegel spiegelnden Spiegel, welche einen unendlichen Korridor erscheinen ließen. Und wen hätte ein ähnlich überwältigendes Gefühl nicht auch schon gepackt, zum Beispiel beim Anblick eines glasklaren Sternenhimmels und dem Gedanken, daß dieser nie, nirgends, nimmer an eine Grenze stoßen soll ... Oder was wäre dann etwa außerhalb dieser Grenze, wenn es sie vielleicht dennoch gäbe? Doch sicher nur die nächste Unendlichkeit!

Daß es außer unserer konkreten Welt, außer unserem begrenzten Leben, außer unser aller Vergänglichkeit und physischem Dasein vielleicht auch noch etwas Metaphysisches, Ewiges, Unvergängliches, etwas in jeder Beziehung Ohn-Endliches geben könnte oder geben muß, das hat die Menschen seit jeher fasziniert. Dies ist der Boden, auf dem Religionen und Mythen gewachsen sind, dies ist der «Motor», der die Philosophen antrieb, und den auch unsere Kinder immer wieder (noch?) spüren, wenn sie uns so «schwierige» Fragen stellen.

➜ Wenn man aber das Unfaßbare, zum Beispiel die Unendlichkeit, dennoch irgendwie fassen möchte, so reichen Namen und Begriffe nicht aus. Deshalb haben die Menschen seit jeher zu Bildern gegriffen, um etwas darüber auszusagen.

Vielleicht kann uns eine Tagtraumreise auch zu diesen Bildern führen, in denen eine Art von «Wissen» verborgen zu sein scheint. Zum Abschluß deshalb noch ein Beispiel, das die Basler Puppenspielerin **Denise Frey** für ein paar Vorschulkinder inszeniert hat:

❈ *Die Reise zur Unendlichkeit*

Die Kinder sitzen im Kreis am Boden. In der Mitte die Puppe Anna, ganz ruhig und still, weil sie gleich auf eine Traumreise gehen wird. Der Raum ist abgedunkelt und Denise Frey breitet ein schwarzes Tuch aus. Anna träumt, sie fliege hoch hinauf in den Himmel, höher und höher. Sie fliegt am Mond vorbei (auf dem Tuch wird eine Kerze angezündet) und sieht viele, viele glitzernde Sterne (Denise streut Silberglitter auf das Tuch). Immer weiter hinaus fliegt sie. Wenn die Kinder nun auch sehen möchten, was Anna dort alles erlebt, können sie einfach die Augen zumachen und der Erzählerin zuhören, wie sie Annas Reise weiter beschreibt:

«Anna öffnet all ihre Sinne für die neue Erfahrung, sie schaut um sich, sie horcht, sie riecht und spürt, und sie nimmt auch wahr, wie sie sich fühlt hier draußen, so unendlich weit weg von der Erde und allem, was sie kennt. Es ist ihr ganz wohl dabei, und sie weiß, daß sie jederzeit den Heimweg antreten kann, wenn sie genug erlebt hat. Jetzt ist sie so weit weg, daß ganz neue Erfahrungen möglich werden, und Anna merkt sich alles ganz genau, damit sie zu Hause davon erzählen kann. Schließlich hat sie sich sattgesehen und beschließt, den Rückweg anzutreten.»

Sehr sorgfältig führt Denise Frey die Puppe (und mit ihr alle Kinder, die die Reise in einer Art von meditativem Zustand auch mitgemacht haben) langsam den gleichen Weg zurück, den sie gekommen ist. Sie zeigt wieder auf die glitzernden Sternchen, auf die Mondkerze und auf Anna, die jetzt wieder zurück auf der Erde ist. Dann strecken sich alle Kinder und atmen tief durch, damit wir sicher sind, daß wirklich alle wohlbehalten wieder hier in unserer Tag-Realität gelandet sind!

Nun dürfen die Kinder erzählen, vorspielen oder malen, was sie (respektive die Puppe Anna) unterwegs gesehen oder sonstwie erlebt haben. Wie war das denn für sie in der Unendlichkeit des Himmels draußen (oder man könnte auch sagen: in der Unendlichkeit ihrer Seele drinnen)?

Zwei Antworten von Vorschulkindern nach der Phantasiereise zur Unendlichkeit.

„Anna hat ein riesengrosses 'Schluckmaul' angetroffen."

„Die Unendlichkeit ist wie eine grosse Kröte mit ganz, ganz vielen Beinen."

➜ Wenn Sie diese «Reise» nachspielen wollen, sollten Sie zuvor selbst schon einige Erfahrungen mit kürzeren Phantasiespielen gesammelt haben, damit die Sache auch gut gelingt.

Ein paar Buchempfehlungen:

Zur Unendlichkeit des Raumes

Antoine de Saint-Exupéry: Der kleine Prinz, Düsseldorf 1985.
Das philosophische Kinderbuch – Allerlei über seltsame Planeten und Welten und über deren Bewohner.

Philip Morrison: Zehn hoch, Spektrum Heidelberg 1991. «Dimensionen zwischen Quarks und Galaxien» (erst für größere Kinder geeignet).

Masahiro Kasuya: Jan wundert sich, Wittig Hamburg 1987.
Vom Staunen über die wunderbare Welt: Vom Blümchen vor den Füßen bis ins Universum hinaus und zurück.

Peter Sís: Der Sternenbote – Galileo Galilei, Hanser München 1996.
Ein wunderschönes Bilderbuch für kleine Astronomen und Naturwissenschaftler ab etwa 10 Jahren.

Ernst Jandl: Antipoden – Auf der anderen Seite der Welt, Beltz Weinheim 1999.
Was ist unten, was ist oben, wenn man sich durch die Welt hindurch bohren würde?

Zur Frage: Was ist überhaupt «Zeit»?

Vladimir Skutina und Marie-José Sacré: Wo die Zeit wohnt, bohem-press 1985/88.
Ist die Uhr die Zeit? Wohnt sie im Glockenturm? Kann man sie anhalten? Zeit haben, Zeit nehmen, Zeit geben ... oder sie bloß vertreiben oder gar totschlagen?

Michael Ende: Momo, Thienemann, Stuttgart 1973.
Dasselbe Thema für größere Kinder (und Erwachsene):
Kirchenvater und Philosoph Aurelius Augustinus schrieb im 4. Jh.: «Was also ist die Zeit? Wenn niemand mich danach fragt, weiß ich's, will ich's aber einem Fragenden erklären, weiß ich's nicht ...»

Colin Thompson: Für immer leben, Lappan Oldenburg 1996. Das «uralte Kind» meint: «Für immer leben heißt überhaupt nicht leben ...»

Zu Name und Identität

Mira Lobe und Susi Weigel: Das kleine Ich-bin-ich, Jungbrunnen-Verlag 1986.
Ein weiteres herrliches Bilderbuch, das ganz ähnlich als Hilfe benützt werden könnte, wie die «kleine ente namenlos».

Gerda Wagener: Wölfchen, bohem press Zürich 1993.
Was tun, wenn man als Wölfchen einfach nicht den Erwartungen entspricht und sich niemand vor einem fürchten kann? Aufruf zur liebevollen Annahme.

Lynn Munsinger und Helen Lester: Kuschel das Stachelschwein, Lentz München 1991.
Welche Plackerei, wenn man seinem Namen gerecht werden will! Zum Glück gibt es auch das Nashorn Winzi!

Hans Fischer: Pitschi, Wolfsbergdrucke 1948 (!).
Lisettes Käterchen sucht sich selbst. Durch Rollenübernahme entdeckt es seine eigene Identität.

Jon Blake: He Duda, Beltz Verlag Weinheim 1995.
He Duda weiß nicht, daß er ein Kaninchen ist. Da erfährt er von seinen vielen Seiten, die er hat. Aber: Kann man beides zugleich sein, ein Hase(nfuß) und ein Held?

Erich Ballinger: Ich! – Das Buch über mich, Annette Betz Verlag Wien 1998.
Was man alles über sich herausfinden kann! Und natürlich lernen wir dabei auch die andern kennen. Ein Buch, das erst mit dem Lesen, Zeichnen und Über-sich-Nachdenken entsteht und mitwächst.

Und schließlich

Wer Lust auf ein paar Gedanken von großen Philosophen bekommen hat, kann z.B. mit diesen Büchern leicht einsteigen:

Wilhelm Weischedel: Die philosophische Hintertreppe, 34 große Philosophen im Alltag und Denken, Zürich 1976. (Die Thales-Anekdote habe ich aus diesem Buch übernommen.)

Jostein Gaarder: Sofies Welt – Roman über die Geschichte der Philosophie «für Erwachsene ab 14 Jahren ...», Hanser Verlag München 1993.

4. KAPITEL

Von Menschen und Tieren, vom Sprechen und Denken

An dieser Frage der fünfjährigen Hana kann man erkennen, wie schon kleine Kinder sich mit den wiederkehrenden Fragen der Menschheit auseinandersetzen wollen: Wie die großen Philosophen machen sich auch Kinder ihre Gedanken, hier zum Beispiel über den Unterschied zwischen uns Menschen und den Tieren bezüglich der geistigen Fähigkeiten. Kinder fühlen sich den Tieren noch stark verwandt, deshalb vergleichen sie sich auch immer wieder mit ihnen. Sie wollen wissen, was denn uns Menschen so anders sein läßt als alle anderen Wesen, ob Tiere nicht auch denken können, ob sie wohl miteinander sprechen wie wir, und ob wir ihre Sprache denn nicht einfach so übersetzen könnten, wie man etwa Französisch oder Englisch übersetzt und dann verstehen kann usw.

➜ Mit solchen Fragen zeigt uns ein Kind an, daß es auf der Suche nach seiner Identität ist: Wer bin *ich* denn eigentlich? Was unterscheidet mich von andern? Was kann ich? Was paßt zu mir? Und auch: Was will ich? Was darf ich?

In unserem Beispiel hat das kleine Mädchen über sich und seine Katze nachgedacht: Es ist ihm dabei offenbar klar geworden, daß es selber ein Menschen-Mädchen ist, und es weiß auch, daß sein Haustier eine weibliche Katze ist. Ob die Katze aber auch weiß, daß Hana ein anderes, eben ein menschliches Wesen ist, und zwar ein weibliches? Können Tiere auch denken, so wie Hana?

➜ Sie brauchen keine Universität absolviert zu haben, um mit Kindern über solche Fragen zu philosophieren! Gehen Sie doch einfach – wie unsere kleinen Philosophen/Philosophinnen auch – von Ihrem gesunden Menschenverstand sowie Ihrer eigenen Erfahrung aus, und diskutieren Sie einmal gemeinsam die folgenden Fragen:

❊ *Mit Kindern ab etwa vier Jahren*

- Was ist gleich bei Katzenmädchen und Menschenmädchen?
- Wie können wir herausfinden, ob die Katze weiß, daß Hana ein Mädchen ist?
- Könnte sie es uns mitteilen? Wie? Oder wieso nicht?
- Weshalb ist es so schwierig, etwas Genaues darüber in Erfahrung zu bringen?
- Welche Anhaltspunkte gibt es dafür, daß Katzen überhaupt etwas *wissen*?
- Was wissen sie denn alles? Wie merkt man, daß sie es wissen?
- Heißt das, daß sie auch *nachdenken*?
- Ist «denken» und «wissen» dasselbe?
- Falls Tiere denken können, worüber denken sie dann wohl nach? Etwa über die Menschenkinder, von denen sie versorgt werden?

❊ *Mit größeren Kindern*

Der Gedankenfaden ließe sich mit etwas älteren Geschwistern jetzt noch weiterspinnen, indem wir uns mit den verschiedenen Möglichkeiten unseres Verstandes sowie den dafür notwendigen menschlichen Bedingungen befassen, z.B. indem wir uns fragen:

- Was heißt überhaupt denken?
- Wie ist das, wenn wir denken? Sehen wir da Bilder vor uns oder hören wir Worte oder was sonst?
- Kann man auch denken ohne Sprache?
- Denken wir eigentlich ständig etwas?
- Versuch doch mal eben, *nicht* an eine Katze zu denken! Wie ist das?
- Gibt es noch andere, ähnliche Vorgänge wie das Denken oder das Wissen? Welche? Wie unterscheiden sie sich voneinander? Am besten schreiben wir uns die gefundenen Stichwörter auf kleine Zettel, die wir dann vergleichen.

Legen wir nun je zwei der Zettelchen nebeneinander, und schon sind wir wieder mitten in einer Begriffsklärung drin! Dazu gehört (Sie erinnern sich doch?), daß man möglichst viel Gleiches und Unterschiedliches findet, z.B. bei den folgenden Paaren von geistigen Aktivitäten:

nachdenken und vorausdenken,
erinnern und hoffen,
ahnen und planen,
lernen und vergessen,
begreifen und verstehen,
vorstellen und träumen ...

- Und wie hängt das nun alles mit dem Denken zusammen? Und wie mit uns Menschen (im Gegensatz zu Tieren)?

– Was braucht es, damit jemand all diese Tätigkeiten tun kann?
– Haben Tiere die Voraussetzungen dazu auch? Welche? In welchem Maße?

Weiß Hana nun, ob ihr Kätzchen weiß, ob ...? Um den Bogen dieses kleinen philosophischen Gespräches am Familientisch zu schließen, kehren wir zur Ausgangsfrage von Hana zurück: Sicher haben wir unterdessen erkannt, daß Katzen zwar gewisse Dinge «wissen», aber ob sie auch über uns Menschen nachdenken, so wie wir über sie?

➜ Philosophische Gespräche enden selten bis nie in einer einzigen, klaren Antwort. Die Erörterung hat aber hoffentlich dazu geführt, daß uns eine ganze Menge *mehr* über das Denken – als eine der besonderen Fähigkeiten von uns Menschen – bewußt geworden ist.

Wenn Hana aber dennoch auf einer Antwort besteht? Weshalb fragt sie dann eigentlich nicht das Kätzchen selber? Schon Dreijährige wissen es: Die Katze würde eben nicht antworten, denn sie kann nicht sprechen wie wir. Dann bliebe nur noch die Möglichkeit, daß Hana selber in die Rolle der Katze schlüpft. Wenn *Sie* nun die Katzen-Hana fragen, so werden Sie bestimmt doch noch die ersehnte Antwort bekommen, wetten?

➜ Über das Denken nachdenken – Hanas Frage hat uns dazu eingeladen. Von einem anderen kleinen Mädchen erhielten wir die folgende wunderschöne «Definition», was «denken» sei: «Min Chopf macht Wörtli, aber s'Mul seit nüt.» (**Mein Kopf macht Wörtchen, aber der Mund sagt nichts.**)

Um auch größere Kinder für das Thema ‹Denken und Sprechen› zu begeistern, möchte ich je eine Autorin und einen Autor wärmstens empfehlen: Susanne Kilian und Hans Manz.

Die Bändchen des Lehrers und Sprachkünstlers **Hans Manz** stecken voller motivierender, raffinierter, spaßiger, tief- und scharfsinniger Texte. Die folgenden zwei kleinen Gedichte stammen aus seinem Büchlein:

Die Kunst, zwischen den Zeilen zu lesen

Beltz Verlag, Weinheim und Basel 1986.
Programm Beltz & Gelberg, Weinheim.
Gulliver Taschenbuch Bd. 5

Gedenkstätte

Warum heißt ein Denkmal
Denkmal?
Denk mal!
Denk mal nach!
Zum Gedenken an jemand,
den wir sonst aus dem
Gedächtnis verlören?
Zum Gedenken an jemand,
der uns nachdenklich machen sollte,
weil vieles an ihm bedenklich war?
Zum Gedenken an jemand,
der mehr und besser nachgedacht hat als wir?

Und so können Sie damit umgehen: Ermuntern Sie z.B. Ihre (Schul-)Kinder, alle Wörter herauszusuchen, die mit «denken» zu tun haben, auch zusätzliche, die nicht in der kleinen Geschichte zu finden sind. Schreiben Sie jedes Wort auf ein Zettelchen und ordnen Sie diese nach zusammengehörenden Begriffen. Die Kinder sollen dabei möglichst viel selbst erklären. Danach können Sie versuchen, eine gemeinsame Geschichte zu erfinden, wo diese Wörter wie in einem Domino-Spiel drin vorkommen: Wer ein Stück weiter weiß, darf ein Zettelchen ansetzen...

Und hier noch ein Gedicht zum Thema unseres letzten Kapitels (Namen und Begriffe) aus demselben Bändchen von Hans Manz:

Ungetauft

Kürzlich, auf der Autobahn
fuhr vor mir ein Cabriolet
mit dem Namen Adrian.
Fuhr hinter mir ein Limousinchen
mit dem Namen Clementinchen.
Mein Auto aber heißt seit Tagen:
Wagen.

Auch **Susanne Kilian** lädt aufgeweckte Kinder und (spielfreudige Erwachsene) zum Philosophieren ein: Ihr aufmüpfiger kleiner Band heißt «**Kinderkram – Kinder-Gedanken-Buch**» und ist ebenfalls bei Beltz erschienen (1987). Die ausgewählte Textprobe zu unserem Thema stammt aus der Kurzgeschichte:

«Etwas vom Denken...»

«Eines Tages kam Bruno früher als sonst aus der Schule. Seine Mutter war in der Küche und fing gerade an zu kochen. Auf dem Küchentisch lag ein Klumpen rosa Zeug auf einem Holzbrett. Bruno beugte sich drüber, sah merkwürdige Windungen und Adern darin. Fleisch schien das nicht zu sein, auch Fisch nicht und erst recht kein Gemüse. ‹Was ist das?› fragte er seine Mutter.

‹Ist Kalbshirn›, sagte sie und ließ Wasser in einen großen Topf laufen, ‹heute gibt's Hirnknödel.›

Die hatte Bruno schon oft gegessen, aber es wäre ihm nie eingefallen, daß da wirklich ein Kalbshirn drin war. Den Klößen sah man es nicht an, daß sie aus diesem erkelhaften rosa Brocken gemacht waren. Abscheulich fand Bruno das. Aber plötzlich packte es ihn. Dieses Ding da, das nackter schien als nackt, begann ihn auf einmal mächtig zu interessieren. Er setzte sich ganz dicht davor und sah es sich so genau an, wie er nur konnte: Einem Kalb hatte dieses Gehirn einmal gehört. Und dieses Kalb hatte damit gedacht. Kalbsgedanken. Gab es das? Wie dachten Kälber? Dachten sie überhaupt? Was dachte ein Kalb? Aber in diesen Windungen da vor ihm mußte es drin sein: Stallgedanken. Wiesengedanken. Kuhmuttergedanken. Sonnengedanken. Regengedanken. Schlaf. Angst. Der grausame Schreck, als es geschlachtet wurde! Das ganze Kälberleben! Bruno wußte, daß auch er so ein Ding im Kopf hatte, und konnte sich das trotzdem nicht richtig vorstellen. Es war zu phantastisch. Damit konnte er denken, sich erinnern... auch in seinem Gehirn war sein ganzes Leben aufbewahrt!»

➜ Beim Philosophieren mit Kindern und Jugendlichen geht es uns nicht in erster Linie darum, Faktenwissen und Lernstoffe zu erarbeiten, sondern darum, Bedeutung und Sinn zu erkennen in dem, was in uns und um uns herum geschieht.

Es ist daher nicht nötig, daß «Bruno» (respektive das eigene Kind, das diese Geschichte gelesen hat) nun von uns eine Lektion über Hirnphysiologie oder psychologische Abläufe erhält, sondern wir knüpfen an bei seinem Staunen über die phantastischen Möglichkeiten unseres Gehirns. Diese bewußt zu erleben und darüber zusammen zu sprechen, kann eine wichtige Sinn-Erfahrung bedeuten.

➜ Lassen wir das Kind erzählen oder malen, wie es sich sein Gehirn vorstellt und was es dort alles vorfindet (z. B. Kopfsilhouette füllen!); lassen wir es berichten und ausprobieren, was man damit alles tun kann: denken, sich erinnern, sich etwas vorstellen, lernen, aber auch vergessen oder träumen oder ...

✻ *«Betriebsbesichtigung»*

Bruno kann sich nicht richtig vorstellen, wie das im Gehirn so zugeht. Mit einer Phantasiereise in seine «Denkfabrik» hinein kann er vielleicht aber gewisse Dinge plötzlich einsehen (im wörtlichen Sinne) und dadurch ins Licht des Bewußtseins heben. Sie könnten ihm (d.h. Ihrem eigenen kleinen «Bruno») also einmal vor dem Schlafen ein «Kopfkino»-Erlebnis anbieten: Begleiten Sie das ruhig daliegende Kind in der Vorstellung an ein Gebäude, über dessen Eingangstor steht: «Gehirn». Das Kind kann dort eintreten und sich darin umsehen. Neugierig darf es von Raum zu Raum spazieren und beobachten, wie es in jedem jeweils aussieht, und was dort geschieht. Besuchen Sie mit ihm das Zimmer des Denkens, des Lernens, des Erinnerns, des Träumens... Das Kind kann Ihnen dabei fortlaufend erzählen, was es (mit geschlossenen Augen daliegend) wahrnimmt: was es sieht, riecht, hört, spürt... oder aber es erzählt Ihnen erst nach der Phantasiereise davon, wenn es wieder mit offenen Augen zurück und wach ist.

Solche Tagtraum-Reisen gelingen mit der Übung immer besser. Sie ermöglichen uns bildhafte Erkenntnis von Dingen, die uns sonst verborgen bleiben. Einfachere Einstiegsbeispiele finden Sie im bereits erwähnten Buch von Maureen Murdock.

Vielleicht kann «Bruno» sich nach dieser «Betriebsbesichtigung» besser vorstellen, wie sein ganzes Leben in seinem Kopf drin «aufbewahrt» sein könnte.

Doch nicht nur unser Gehirn, sondern der ganze Körper und auch das Unbewußte haben unser Leben irgendwie gespeichert. Die Erfahrungen, die wir ein Leben lang gemacht haben, schlagen sich nieder in Körper, Seele und Geist. Durch intuitives Malen und Zeichnen (oder Collagen) können wir machmal die Tür zu solch Unbewußtem und Vergessenem einen kleinen Spalt breit aufstoßen:

➜ Philosophieren bedeutet, Erkenntnisse zu erweitern, und zwar mit allen uns zur Verfügung stehenden Werkzeugen: Durch den differenzierten Gebrauch unseres Verstandes und aller Sinne können wir mehr verstehen und begreifen. Durch Bilder aber können wir manchmal zusätzliche Ein-*Sichten* gewinnen, die der Logik zuvor nur schwer zugänglich waren.

✻ *Das «aufbewahrte» Leben*

Eine spannende Erfahrung für größere Kinder oder Erwachsene kann es sein, zum Thema «Wer bin ich?» einmal das eigene Leben darzustellen, zum Beispiel unter dem Motto: *Wenn mein Leben ein Fluß wäre...*

Wir beginnen mit der Quelle, wie immer die auch aussehen mag, und daraus fließt das Wasser seinen Weg. Es wird vermutlich allmählich breiter und kräftiger, und es trifft auf seiner Reise alles Mögliche an: Steine, Lebewesen, Landschaften, Abstürze, Hindernisse, Plätze zum Ausruhen, wo sich kleine Tümpel oder Seen bilden können ... Wichtige Ereignisse auf unserem Lebensweg markieren wir mit Worten oder Symbolen (z.B. Bilder aus alten Zeitschriften reißen und aufkleben), damit wir im Anschluß daran den andern Familienmitgliedern davon erzählen können. Es ist unwichtig, wie «gut» oder «schlecht» jemand zeichnen kann, denn es soll nicht ein Ausstellungsgemälde entstehen, sondern eine Art bildhafte Gedächtnisstütze.

Wenn alle damit fertig sind, erzählen wir uns gegenseitig, was wir über unser bisheriges Leben dabei erfahren haben:

- Ist uns etwas aufgefallen, das wir vorher noch gar nicht bemerkt haben?
- Welche Gefühle haben uns begleitet?
- Gibt es Wiederholungen im Ablauf?
- Was ist typisch für mich?
- Wo habe ich selbst gesteuert? Wo bin ich «gelebt worden»?

✻ *Und schließlich noch eine dritte Möglichkeit, anhand der Bruno-Geschichte zu philosophieren:*

Diskutieren Sie zusammen über die folgenden ethischen Fragen:

- Kann man zugleich lebendige Tiere gern haben und dennoch Hirnknödel oder ein Schnitzel mögen?

– Warum töten wir überhaupt Tiere? Darf man das? Weshalb? Oder weshalb nicht?
– Dürfte man auch Menschen töten, wenn es irgendwo zuviele davon gibt, so wie man dies mit zu großen Wildbeständen tut? Warum nicht? Wer bestimmt das?

➜ Ganz wichtig hier: Stellen Sie sich diese Fragen auch selber. Haben Sie eine klare Ansicht dazu? Wie begründen Sie diese? Fordern Sie auch die Kinder immer wieder auf, ihre Meinungen zu begründen!

«Mein Kopf macht Wörtchen ...»

Mit dieser Definition von «denken» hat das kleine Mädchen ganz klarsichtig den Zusammenhang zwischen Verstand und Sprache formuliert.

Wenn wir mit Kindern über den Unterschied von Menschen und Tieren philosophieren, so gelangen wir vom Wissen und Denken unweigerlich auch zur Sprache. Hier eine Reihe von Fragen, um mit Kindern ab etwa neun Jahren über die Sprache zu philosophieren:

- Können Katzen wirklich nicht sprechen?
- Wie «sprechen» sie , wenn sie nicht gerade «Miau» sagen? Wie sprechen sie miteinander? mit ihren Jungen? mit dem Nachbarshund? mit uns?
- Können auch andere Tiere so verschieden sprechen? Wie tun sie das?
- Gibt es auch Pflanzen oder vielleicht Steine oder andere Dinge, die sprechen?
- Wie tun sie das, falls überhaupt?
- Wie «sagt» eine Pflanze, daß sie durstig ist?
- In Frau Holles Garten sprechen sogar die Brote: «Hol uns aus dem Ofen!» Wie können Brote sprechen? Geht das nur im Märchen?
- Hast du schon mal Schokolade «sprechen» gehört? Wie?
- Wie unterscheiden sich diese «Sprachen» von jenen der Tiere oder Menschen?
- Können auch Menschen so «sprechen», ohne zu reden? Wie?
- Was ist überhaupt der Unterschied zwischen «sprechen», «reden» und «sagen»?
- Welche Arten von Sprachen kennst du? (Muttersprache, Fremdsprachen, Tiersprachen, Körpersprache, Zeichensprache, Bildersprache, Schriftsprache, Babysprache, Geheimsprachen ...)
- Was bedeutet überhaupt «Sprache»?
- Was ist ähnlich beim Sprechen und beim Denken? Was ist anders?
- Worüber können Menschen miteinander reden? Könnten Tiere dasselbe auch in ihrer Sprache?
- Warum tun sie es wahrscheinlich nicht?
- Gibt es Tiere, die eine Zeichen-, eine Bilder- oder eine Schriftsprache benützen?

Was die menschliche Sprache so besonders macht, wie sie entstanden sein könnte, und wie man mit ihr umgeht, welche Bedeutung sie für unser Menschsein hat usw., darüber haben sich schon viele Sprachphilosophen Gedanken gemacht.

Bei **Johann Gottfried Herder** (18. Jh.) kann man zu diesem Thema lesen:

«Alle Thiere bis auf den stummen Fisch tönen ihre Empfindung; desswegen aber hat doch kein Thier, selbst nicht das Vollkommenste, den geringsten, eigentlichen Anfang einer Menschlichen Sprache. Man bilde und verfeinre und organisiere dies Geschrei, wie man wolle; Wenn kein Verstand dazu kommt, diesen Ton mit Absicht zu gebrauchen, so sehe ich nicht ein, wie nach dem vorigen Naturgesetz je Menschliche, willkührliche Sprache werde?»

«‹Geistige Nahrung›, sagte Schopenhauer»

Einer von ihnen begleitet als großer «Sprachgeist» eine Kindergruppe durch ein paar verregnete Ferientage: in einem «heiteren Sprachbuch – nicht nur für Kinder – » (so heißt es im Untertitel) des 1984 verstorbenen Schriftstellers **Franz Fühmann.** Gemeint ist **Arthur Schopenhauer,** der etwas griesgrämige, aber treffsichere Philosoph und Sprachkritiker des letzten Jahrhunderts, von den Kindern in der Geschichte liebevoll «Schoppi» genannt.

Ihr zweiter Ferien-Begleiter ist das grüne Türklein «Küslübürtün, der große und erhabene Geist des Wohlgefallen erregenden Sprachklangs», und das Buch trägt den etwas rätselhaften Titel **«Die dampfenden Hälse der Pferde im Turm von Babel».**

«Müssen Geister eigentlich auch was essen?» erkundigte sich Gabi.

«Geistige Nahrung», sagte Schopenhauer, «ein bißchen Grammatiksalat mit Wortwurzeln etwa –»

«– mit Gänsefüßchen garniert», ergänzte der Türke.

«Oder zerlassenes Zeitwort mit Beistrichbeilage!»

«Aufgewärmte Artikel!»

«Hauptwortragout!»

«Klare Rufzeichensuppe!»

«Genitivklößchen!»

«Saure Fragezeichen!»

«Punkte, genudelt und kalt abgeschreckt!»

«Weiche Konsonanten nach Leipziger Hausmacherart!»

«Schlagzeileneintopf!»

«Kommentare, mit Käse überbacken!»

«Gesülzte Sportreportagen!»

«Verlorene Eigenschaftswörter!»

«Satzzeichenpudding!»

Sie waren, da sie dies riefen, dünner und dünner geworden, und nun hörten die Kinder aus dem grünen Rauch nur noch: «Kalter Kaffee», und aus dem schlohweißen Dunst: «Zerrührtes Hirn!», und dann waren die Kinder allein.

Auf 350 spannenden Seiten führt uns Franz Fühmann von einzelnen Buchstaben über Wörter und deren Umkehrungen, über Sätze, Sprüche, Gedichte und ganze Geschichten bis hin zu Bedeutung und Sinn; von der Entstehung der Sprache(n) bis zu deren vielfältigen Anwendung.

Es häufen sich Spiele und Rätsel, Ideen zum Nachdenken und zum Spaß haben, und es gibt in diesem Buch (philosophische) Anregungen für beinahe jede Altersstufe: Ein lehrreicher und unterhaltsamer, reicher Fundus für alle Eltern, Lehrer/innen und Kinder.

Durch Fühmanns Buch fassen wir nicht nur die *Sprache als philosophisches Thema* ins Auge, wir können damit auch viele *philosophische Techniken* üben: Differenzierung des begrifflichen Repertoires, Hinterfragen, Begründen, Zusammenhänge und Sinn entdecken usw.; außerdem läßt sich die *Phantasie fördern,* und es macht ganz einfach *Freude,* auf so humorvolle Weise ins Reich der Sprache einzutauchen. Ein kleines Müsterchen davon finden Sie auf der vorangegangenen Seite.

➔ Die begriffliche Sprache ist seit den klassischen Griechen das Hauptmedium des Philosophierens, eben weil sie so eng mit dem Denken und der menschlichen Verstandestätigkeit verwoben ist.

Davor wurde die Weisheit (Sophia) der Menschheit vor allem in Bildern weitergereicht: Mythen und Göttergeschichten wurden erzählt, um die Welt und unser Dasein in ihr zu erklären. Mit den ersten Philosophen aber löste der Logos (das Wort) den Mythos ab: Rationale (verstandesmäßige) Erklärungen mittels Begriffen und logischer Schlüsse traten an die Stelle der bildhaft verschlüsselten Weisheit.

Kinder sind dem mythischen «Denken» noch näher, daher ist es sinnvoll, beim Philosophieren mit ihnen auch der bildhaften (nebst der sprachlichen) Ebene Raum zu geben. Und dies tun wir, indem wir den Kindern möglichst oft Gelegenheit bieten, ihre Erkenntnisse zu malen oder im (Rollen-) Spiel auszudrücken.

Dennoch: Die Sprache ist und bleibt das Hauptmedium des Philosophierens, deshalb hier zum Schluß wieder ein paar

Literaturhinweise:

Zum Spielen mit der Sprache

Vera Eggermann: Das Buchstabenmonster, pro juventute Zürich 2000.
Was wäre, wenn alle Wörter aufgefressen würden? Begleitheft mit Buchstabenspiel ist dabei.

Esther Spinner: Die Amsel heißt Selma, Bajazzo (vormals Palazzo) Zürich 2000.
Tieranagramme von A bis Z in eine witzige Nonsense-Geschichte verpackt, mit beigelegten Buchstaben für eigene Anagramme und Gedankenspielereien.

Zum Nachdenken über Sprache und Denken

Monika Feth: Der Gedankensammler, Patmos 1993.
Gedanken sammeln, ordnen, reifen lassen, säen ... Erstaunlich, wozu Gedanken uns überall dienen können!

Karl Philipp Moritz: Neues ABC-Buch, Kunstmann München 2000.
Ein uraltes Buch über Menschen und ihre Sprache, das schon 1790 als «Neues A. B. C. Buch, welches zugleich eine Anleitung zum Denken für Kinder enthält» erschienen ist. Spannend, schon ab 8 Jahren!

Peggy Christian: Die erlesenen Abenteuer der Maus Cervantes, Thienemann 1997.
Die kleine Maus im Buchantiquariat liest sich Wort für Wort in die Abenteuer der Geschichten hinein, und als Waffe gegen die böse Katze benutzt sie mit Vorliebe «spitze Worte»...

Reinhardt Jung: Das geheime Wissen der Pinguine, Jungbrunnen Wien 1996.
Frack, der Pinguin beantwortet Kinderfragen, aber nur, wenn sie mit «warum» beginnen und dumm sind. Humorvolle Phantasiegeschichten und Erklärungen für allerlei Unerklärtes. Mitdenken und mitphantasieren erwünscht, aber frühestens ab etwa 10 Jahren sinnvoll, denn die Antworten sind oft schwieriger zu verstehen als die Fragen!

5. KAPITEL

Von groß und klein, von Bewertungen und Begründungen (Ethik)

Warum dürfen immer die Grossen bestimmen?

Ein Kind, das uns mit dieser Frage konfrontiert, steht an einem heiklen Punkt: Es erfährt offenbar sein Kleinsein als ständigen Mangel, weil immer «Große» (Kinder oder Eltern und Lehrpersonen) da sind, die das Sagen haben. In seiner Frage schwingt bereits Resignation mit: Scheinbar ist das so, daß die Großen (sprich: die Mächtigeren, Stärkeren) über die Kleinen einfach bestimmen können. Das Kind möchte zwar wenigstens noch wissen, weshalb das so ist, aber es scheint sich mit der Sachlage als solcher bereits abgefunden zu haben.

Höchste Zeit, daß das ethisch-philosophische Hinterfragen zum Zuge kommt: Ja, Moment mal! Stimmt das überhaupt, daß immer die Großen bestimmen dürfen? Ist das eine Tatsache, an der es nichts zu rütteln gibt? Gibt es gute Gründe dafür, oder herrscht hier ganz einfach das Recht des Stärkeren? Ist es in Ordnung, daß immer die Stärkeren (oder die Mehrheit) gewinnen? Braucht es überhaupt Sieger und Kämpfe???

Bestimmt haben Sie längst gemerkt, daß die Frage nicht nur mit der familiären oder schulischen Situation von Kindern zu tun hat, sondern daß wir alle angesichts der Machtstrukturen in unserer Gesellschaft öfter vor denselben Fragen stehen. Es sei denn, wir hätten bereits kapituliert nach dem Muster: Die da oben machen ja doch, was sie wollen!

➔ **Wenn wir unsere Kinder zu mutigen, selbständig entscheidenden und handelnden Menschen erziehen wollen, so gilt es unbedingt, solcher Resignation entgegenzuwirken.**

Dies bedeutet zum einen, daß wir Kindern das Recht zu fragen niemals absprechen dürfen, auch wenn die Fragen unbequem sein sollten. Es bedeutet zum andern, daß wir bereit sein müssen, sogar uns selber und unsere Handlungen oder Vorschriften an die Kinder in Frage stellen zu lassen. Es bedeutet drittens:

➔ **Gemeinsam mit den Kindern unsere Wertvorstellungen und Normen hinterfragen und im partnerschaftlichen Dialog Entscheidungen erarbeiten, bei denen keiner von uns als Verlierer dastehen muß.**

Dies scheint mir die sinnvollste Weise zu sein, mit moralischen Themen umzugehen (um solche handelt es sich immer dann, wenn es um Werte und Normen, um das Dürfen/Sollen/Müssen oder um Gut und Böse geht).

➔ **Durch die gegenseitige Achtung und Toleranz können wir wenigstens in der Familie einen Teil der autoritären Machtstrukturen abbauen. Vielleicht ermöglichen wir den Kindern dadurch sogar, auch außerhalb des Elternhauses freundschaftlich und einfühlsam mit anderen umzugehen und Meinungsverschiedenheiten auszudiskutieren, statt Machtmittel anzuwenden.**

Es pflegen sich nämlich nicht nur erlittene Gewalt und Druckmaßnahmen nach außen fortzupflanzen, sondern es tragen auch Friedfertigkeit und Dialogbereitschaft, die zuhause erfahren und gelebt (nicht gepredigt!) werden, ihre Früchte!

Erziehung zur Ethik oder zur Moral?

➔ **Moralisch handeln heißt, sich an einen bestimmten Regelkatalog halten, ohne ihn in Frage zu stellen. So gesehen handelt auch ein Gangster moralisch, wenn er sich an die in seinen Kreisen übliche «Gangster-Moral» hält.**

➔ **Ethisch handeln bedeutet, sich über die vorliegende Moral selbst Gedanken zu machen, ihre Vorschriften und Verbote zu hinterfragen und nur dann zu befolgen, wenn sie mit den eigenen überlegten und begründbaren Prinzipien zu vereinbaren sind.**

Die Ethik ist jener (große!) Teilbereich des Philosophierens, welcher moralische Themen betrifft: Ethik hinterfragt, begründet und klärt Fragen wie: Was darf oder muß ich tun? Weshalb? Was ist gut und unter welchen Bedingungen? Wie soll ich mich entscheiden und wie «richtig» handeln?

In Familien, in denen man Kinder ernst nimmt, wird öfter über solche Fragen auch ethisch philosophiert statt nur autoritär moralisiert. Wer dagegen von Kindern immer braven Gehorsam und «Anstand» verlangt, läuft Gefahr, ihnen die eigenen Moralvorstellungen einfach überzustülpen.

Eine Moral aber, die nicht hinterfragt werden darf, verkommt leicht zu einem bloßen Druckmittel, und Erziehungsmaßnahmen, die die Eltern nicht begründen können, drohen zu reinen Machtdemonstrationen zu werden. Ein partnerschaftliches Gespräch kann so nicht stattfinden.

Erziehung zu ethischem Verhalten verlangt Gesprächsbereitschaft und Raum zur Reflexion über unser Handeln. Damit ist jedoch nicht gemeint, daß jederzeit und überall immer gleich eine Diskussion vom Zaun gebrochen werden muß. Manchmal erfordert eine Situation durchaus, daß sofort gehandelt (angeordnet und gehorcht) wird. Ist aber wieder Ruhe eingekehrt, müssen wir uns den ethischen Fragen nach Berechtigung und Sinn unseres erzieherischen Tuns unbedingt wieder stellen.

Erziehung zu eigenen Werten

Wann immer wir es mit Entscheidungen und konkreten Handlungen zu tun haben, sind Werte oder Normen involviert:

- Wollen wir heute in den Zoo oder in den Wald gehen?
- Könnte heute nicht der Papa das Geschirr spülen, damit ich fernsehen kann?
- Welchen Pullover wirst du nun wählen?
- Soll Fritz am Samstag der Schule fernbleiben, damit die ganze Familie ins Wochenende fahren kann?
- Tante Trudi möchte mit dir sprechen. Bist du zuhause?
- Barbara plagt immer ihre kleine Schwester. Das muß jetzt aufhören!

➜ Bei manchen Fragen geht es «nur» darum, herauszufinden: Was ist mir lieber? (was gar nicht immer so einfach zu sein scheint!) Andere aber verlangen nach einer moralischen Bewertung: Wie ist es richtig? Was muß ich (man) hier tun? Beides können wir mit Kindern üben.

Dazu gehört einerseits, daß wir ihnen häufig Gelegenheit bieten (und sie auch dazu auffordern), auf ihre Bedürfnisse, Wünsche, Vorlieben oder ihre «innere Stimme» zu hören. Differenziert in sich hineinhören, um klar zu spüren: Das ist es, was ich jetzt will oder brauche, was für mich «stimmt». Leider ist dieses Wort heute ziemlich abgegriffen. Es ist «in», nur noch zu tun, «was für mich stimmt». Dennoch ist es ganz wichtig, daß Kindern nicht abgewöhnt wird, ihre echten Bedürfnisse zu spüren. Indem wir sie ermuntern, auch darüber nachzudenken und zu diskutieren, lernen sie, Wichtigeres von Unwichtigerem zu trennen, momentane «Lüstchen» zugunsten von dauerhafteren Freuden zurückzustellen usw.

Die eigenen Werte zu entdecken und zu ihnen zu stehen, ist eine (wichtige!) Sache. Täglich begegnen uns aber auch die Werte der Mitmenschen, und diese gilt es genauso ernstzunehmen wie die eigenen. Ernstnehmen bedeutet nicht, sie auch *über*nehmen zu müssen, aber sich zumindest mit ihnen *auseinanderzusetzen*. Ich stelle mich damit der Tatsache, daß ich nicht allein auf einer Insel lebe, wo alles nur nach meinem Kopf und Wunsch gehen muß. (Wäre das dort wohl wirklich so?)

➜ Um diese Auseinandersetzung geht es beim ethischen Diskutieren: Genau und klar die eigenen Werte wahrnehmen, den Werten anderer Menschen respektvoll und offen begegnen, die unterschiedlichen Meinungen vergleichen und mit guten Gründen (statt mit Macht) argumentieren.

Eigene Werte

Vom Reden zum Handeln

Anlässe, um mit Kindern in ethische Diskussionen einzutreten, gibt es mehr als genug im täglichen Zusammenleben. Es ist aber problemloser (und wohl auch ertragreicher), wenn wir das Gespräch eher dann suchen, wenn uns nicht gerade eine aktuelle Situation unter den Nägeln brennt. Nicht nur für Kinder ist es oft (zu) schwierig, in der Hitze des Gefechts einen kühlen Kopf zu bewahren. Wenn wir aber immer wieder über Fragen des richtigen Handelns diskutieren, wird sich dies früher oder später auch im Verhalten der Kinder spiegeln – hoffentlich!

Den Einstieg erleichtern uns wiederum einige Kinderbücher, zum Beispiel dieses hübsch-freche Bändchen aus dem Middelhauve Verlag (Köln 1982/87):

Angela Sommer-Bodenburg (Gedichte) **und Helme Heine** (Bilder): **Ich lieb dich trotzdem immer.** Ein Beispiel daraus:

> «Wenn auf dem Hof die Großen
> uns Kleine immer stoßen,
> dann wär ich gerne auf dem Mond,
> denn der ist unbewohnt.»

Und so könnten wir mit Kindern ab etwa vier Jahren darüber ins (sokratische) Gespräch kommen:

A.
– Ist es wirklich immer so, daß die Großen die Kleinen stoßen?
– Was tun sie außerdem auch noch?
– Wie verhalten sich die Kleinen?
– Tun wirklich alle Großen immer dasselbe? Oder alle Kleinen?

B.
– Was heißt überhaupt groß/klein?
– Kann man zugleich groß und klein sein?
– Wenn du ein Kind malst, wie sehe ich dann, ob es ein großes oder ein kleines Kind ist?
– Gehörst du zu den Großen oder zu den Kleinen?

C.
– Was ist schön daran, groß zu sein?
– Gibt es auch Gutes beim Kleinsein?
– Was wärst du lieber? Weshalb?
– Wie fühlt man sich, wenn man klein ist?
– Was meinst du, wie sich wohl die Großen fühlen?

D.
– Was tust du, wenn es Streit gibt?
– Warum gibt es überhaupt Streit?
– Was ist es, das dich wütend/ärgerlich/traurig ... macht?
– Was machst du, wenn du auf jemanden wütend bist?
– Würdest du manchmal auch gerne auf den Mond (oder sonstwohin) verschwinden? Weshalb? Warum nicht?
– Könnte man das überhaupt? Wie?
– Was nützt es, wenn man davonläuft?
– Gäbe es vielleicht noch anderes, was du tun könntest?

Natürlich brauchen Sie nicht den ganzen Fragenkatalog durchzuarbeiten; es geht ja nur darum, immer wieder Ideen zu haben, an denen entlang wir den Gedankenfaden weiterspinnen. Mit solchen oder ähnlichen Fragen können wir dies tun und dabei eine ganze Reihe philosophischer Grundmuster üben:

Mit Teil A regen wir das **Hinterfragen** einer gegebenen Situation an.

Bei Teil B **klären** wir miteinander die (relativen) **Begriffe** groß/klein.

Durch Teil C holen wir **persönliche Wertungen** ins Bewußtsein und versuchen, uns in andere einzufühlen.

Mit den Fragen von Teil D schließlich kommen wir zurück auf die konkrete Situation, die uns als Ausgangspunkt gedient hat, und wir versuchen, die vielfältigen Handlungsmöglichkeiten zu erörtern, d.h., wir üben die **Differenzierung auf der Handlungsebene.**

Während des ganzen Gesprächs haben wir immer wieder Gelegenheit, auch das **Begründen** einzuflechten. Be-*gründ*-en heißt, unseren Aussagen, Behauptungen und Meinungen einen *Grund* zu geben, auf dem sie sicher *stehen* können: einen festen *Standpunkt* zu gewinnen, den man auch mit guten Argumenten vertreten kann! Und ich betone: *Wir!* Denn all diese philosophischen «Techniken» und Überlegungen sind nicht nur für die Kinder wichtig, sondern sie dienen auch unserer eigenen Selbsterkenntnis (und -erziehung):

Wo habe ich als Erwachsene/r fundierte (fundus = Boden!) Standpunkte? Wo sind meine Ideen eher Luftschlösser? Wie begründe *ich* meine Ansichten? Nehme ich meine eigenen Gefühle und Gedanken ernst oder richte ich mich bloß nach den andern? Wo handle ich aus eigener Überzeugung, wo gehorche ich nur oder beuge mich sogenannten Sachzwängen oder vermeintlichen Autoritäten?

Wenn wir auch uns selbst solche Fragen stellen, sind wir eher offen für die angestrebte Partnerschaft mit unseren Kindern. Wir werden dann wohl auch weniger häufig mit dem verpönten «du sollst» um uns werfen! Und tun wir's trotzdem mal, so dürfen wir es als Erziehungserfolg verbuchen, wenn unser Kind so reagiert wie die/der Kleine im zweiten Beispiel aus Angela Sommer-Bodenburgs Büchlein:

«Kommt die Mittagszeit herbei,
rühr ich vergnügt in meinem Brei.
Sagt Mutter: ‹Du sollst nicht kleckern.›
Sag ich: ‹Du sollst nicht meckern.›»

Kinderrechte

➜ Was wir über die Grundmuster und Techniken beim Philosophieren mit kleinen Kindern oder auch für uns Erwachsene gelernt haben, gilt natürlich genauso für ethische Gespräche mit Jugendlichen oder größeren Kindern.

Auch hierfür noch ein geeignetes Buch: **Die Rechte der Kinder** (illustriert von zehn Künstlern, erschienen in einem von der Unicef unterstützten Kinderbuch der **bohem press** Zürich 1989). «Kinder haben Rechte», deklarierte die UNO schon 1959. Anhand der Bilder könnten wir mit Kindern ab etwa zehn Jahren über die allgemeinen Menschenrechte philosophieren, beginnend bei denjenigen der Kinder. Kennen Sie diese übrigens?

➜ Versuchen Sie doch einmal, selber einen passenden Fragenkatalog aufzustellen für ein ethisches Gespräch darüber!

❋ *Ein paar Hilfen dazu:*

- Es geht nicht in erster Linie darum, den Kindern die Rechte *beizubringen* im Sinne von Wissensvermittlung, sondern darum, daß die Jungendlichen ihre eigenen Lebenserfahrungen mit den «Kinderrechten» vergleichen und in Beziehung setzen. Was entdecken sie wohl dabei?

- Die Erklärung der Menschenrechte ist ein Moralkatalog, der weltweit größte Akzeptanz erfährt. Dennoch ist er leider weit davon entfernt, überall in die Tat umgesetzt zu sein. Wie ist das möglich?

- Versuchen Sie auch hier nicht nur über Rechte zu reden, sondern am Schluß wiederum praktische Handlungsvarianten für unser nächstes Umfeld zu erarbeiten: Wo haben wir, wo haben Jugendliche Möglichkeiten, etwas zur besseren Verwirklichung der Menschenrechte beizutragen?
  «Im Hause muß beginnen, was leuchten soll im Vaterland ...» wußte schon **Gottfried Keller!**

- Ein überaus wichtiges (Kinder-)Menschenrecht (obwohl nicht in der Charta aufgelistet) ist *das Recht, nein zu sagen.* Besonders seit bekannt geworden ist, wieviele Kinder von Inzest oder ähnlichem Mißbrauch betroffen sind, rät man Erziehenden vermehrt, Kindern dieses Recht deutlich zu erklären: Der sicherste Schutz gegen sexuelle Übergriffe Erwachsener ist ein starkes Selbstbewußtsein und die Entlastung des Kindes vom Gefühl, es trage selber die Schuld an der schlimmen Situation.

Doch auch wenn es um weniger belastende Probleme geht, ist das Recht, nein zu sagen, von Bedeutung: Wenn Kinder «selbst-ständig» werden sollen, müssen sie eben «selbst stehen» lernen dürfen, und dies erfordert auch ein zeitweises Nein gegen unsere Hilfsbestrebungen und eine manchmal harte Abgrenzung gegen unsere Wert- und Normenvorstellungen.

➜ Zum Trost: In Familien, wo Kinder von klein auf gewohnt sind, mit ihren Eltern über ethische Probleme zu diskutieren, wo gegenseitige Achtung und Toleranz eingeübt (statt Gehorsam verlangt und Macht ausgeübt) wurden, könnte der Ablösungsprozeß um einiges weniger explosiv verlaufen als heute oft üblich.

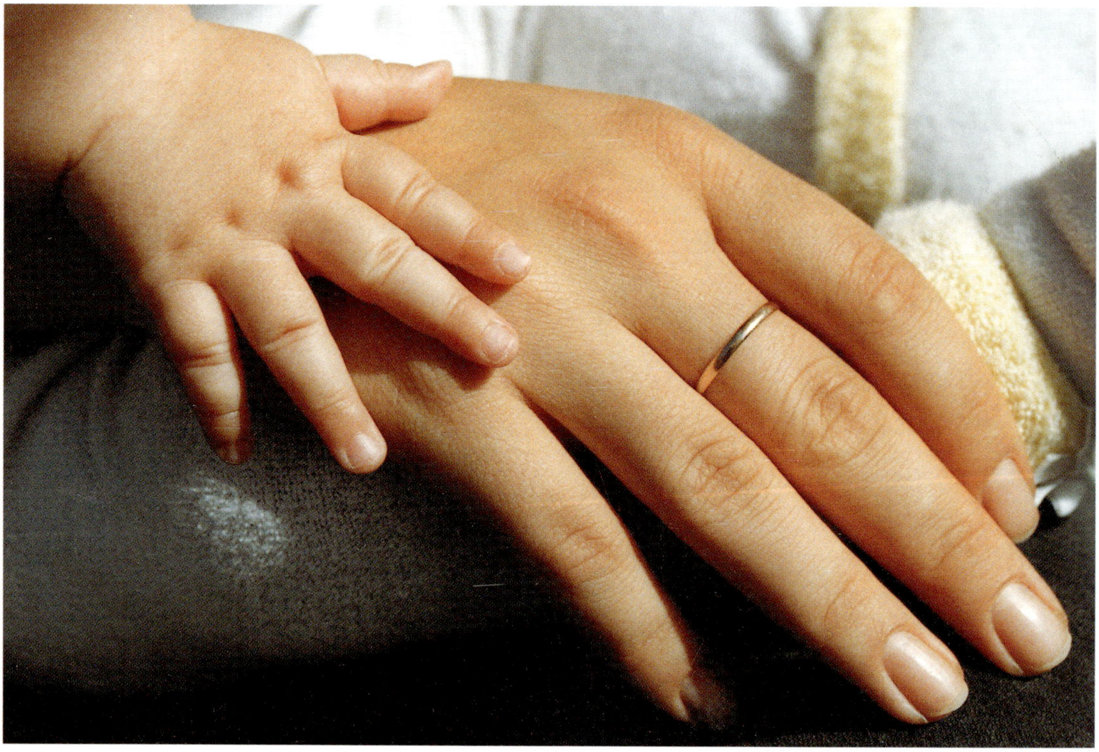

Noch einmal: Groß und klein

Dieses Thema beschäftigt alle Kinder immer wieder in unterschiedlicher Weise, denn sie erleben an sich selbst ja die größten Veränderungen diesbezüglich. Zudem erfahren sie häufig Bewertungen in der Art: «Nur kleine Kinder weinen immer gleich los!» – «Du bist ja schon ein Großer!» – «Warte, bis du größer bist ...»

Mit solchen Sätzen unterstützen wir ohne böse Absicht ein unheilvolles Konkurrenzdenken: Groß sein wird als eine Art Leistung gedeutet, klein sein aber wird abgewertet, ja fast zur Schande erklärt. Und als Folge übertragen größere Kinder die Abwertung dann auf kleinere Geschwister und Spielkamerad/innen.

Bei dem kleinen Gedicht auf S. 58 haben wir bereits gesehen, wie man stattdessen sinnvoll über groß und klein philosophieren könnte, um ein differenzierteres Verständnis der Begriffe zu erarbeiten. Hier noch ein paar zusätzliche Hinweise auf ebenfalls dafür geeignete Kinderbücher:

Ab 3–4 Jahren möglich: **Leo Lionnis «Das größte Haus der Welt»** oder auch sein **«Swimmy»** (beide Bücher bei Middelhauve), sodann ein Bilderbuch aus dem Hamburger «Verlag für Kinder und Eltern» (der sich auf philosophische Kinderbücher spezialisiert hat): **«Der dicke große Fisch»** von **Alfred Könner** und **Wolf U. Friedrich.**

Für Pubertierende wird das symbolträchtige Märchen **«Alice im Wunderland»** von **Lewis Carroll** viel Diskussionsstoff abgeben, falls wir es schaffen, daß die Jugendlichen nicht herablassend finden, Märchen seien doch nur etwas für die Kleinen ...

Ein sehr hübsches Bilderbuch über die Veränderungen, die mit uns im Laufe der Jahre geschehen, ist «**Das Deckchen**» von **Arthur Miller** und **Brigitte Smith** (Parabel 1987). Damit könnte z. B. in der Grundschule das Thema «wachsen» eingeleitet werden. Hier ein paar Antworten von Erstklässler/innen auf die Fragen der Zürcher Lehrerin **Margrit Stoll:**

M. S.: Was heißt eigentlich »wachsen»?

– Man wird immer größer und immer älter.

– Vor dem Geburtstag wächst man immer, und plötzlich ist man ein Stück größer.

M. S.: Sieht man das, wie man wächst?

– Nur wenn man vor den ... Meter steht.

M. S.: Dann sieht man, wie du wächst?

– Nein, wieviel man gewachsen ist seit dem letzten Jahr.

– An einem Tag wächst man auch, in einer Sekunde auch, aber das sieht man nicht, weil es so langsam geht.

M. S.: *Müsst* ihr wachsen?

– Das kann gar nicht anders sein, ich kann nicht verhindern, daß ich wachse.

– Das macht die Natur, daß man wächst.

Wie klein die Schmusedecke plötzlich geworden ist!

– Man kann es schon verhindern, aber es ist unangenehm!

– Man kann nicht stundenlang jung sein!

– Wenn das Gehirn nicht wächst, bleibt man immer gleich dumm!

M. S.: Heißt das, daß das Wachsen auch etwas mit dem Denken zu tun hat?

– Wenn man nicht wächst, kann man trotzdem immer gescheiter werden, denn die Gedanken nehmen ja keinen Platz weg, sie sind ja durchsichtig.

– Wenn jemand etwas sagt, dann wird man gescheiter. Aber wenn man es vergißt, dann ist man wieder dümmer.

M. S.: Findet ihr gut, daß ihr wachst?

– Ich möchte nicht klein bleiben, sonst muß ich immer eine Leiter holen, wenn etwas hoch oben ist.

– Ich möchte wachsen, damit ich später beim Auto vorne rausschauen kann!

Beim Bilderbuch-Anschauen verwickeln wir die Kinder in kleine ethische Gespräche: «Wer möchtest *du* denn sein in dieser Geschichte? Was würdest du an dessen Stelle tun? Warum? Wie fühlt sich wohl ... (zum Beispiel die Riesenschnecke)? Weshalb will sie das größte Haus? Findest du ihre Idee gut? Warum (nicht)? usw.

→ Wichtig ist auch hier, daß die Kinder sich ihrer eigenen Werte und Vorlieben bewußt werden, daß sie eigene moralische Aussagen formulieren und daß sie lernen, ihre Ansichten zu begründen.

Auch wenn eine Geschichte reichlich «moralisch» klingt, heben wir selbst nie den Moralfinger! Gerade bei ethischen Diskussionen wollen wir uns an die sokratische Hebammenkunst erinnern! Und sollten die *Kinder* voreilig moralische Urteile fällen, dann hinterfragen *wir* ganz philosophisch: «Ist das wohl wirklich so? Ist das die einzige Möglichkeit, wie man dieses oder jenes Problem anpacken könnte? Findest du es gut, daß ... Warum?» usw.

Identität, Begegnung und Toleranz

Bei vielen Gesprächen über groß und klein geht es letztlich wieder um die Identitäts-Frage: Wer bin ich eigentlich? Ich verändere mich ständig: mein Körper, aber auch meine Gefühle, meine Gedanken ... Und doch bin ich immer noch «ich». Wie ist das nur möglich?

Die Suche nach der eigenen Identität ist wohl eine lebenslange Aufgabe. Wir haben schon in mehreren Kapiteln davon gesprochen. Wir unterstützen diese Suche, indem wir Kinder (und uns selbst auch!) immer wieder auffordern, zu überlegen und zu erspüren, was zu ihnen paßt, was sie wirklich möchten, was für sie «stimmt». Da wir aber auch mit andern Menschen zu tun haben, bleibt die Erfahrung nicht aus, daß diese ebenfalls ihre ureigensten Wesenszüge haben und leider gar nicht immer so sind oder handeln, wie es uns passen würde. Mit anderen Worten: Wir benötigen auch kommunikative Fähigkeiten, damit wir Meinungsverschiedenheiten nicht mit den Fäusten auszutragen brauchen, und dann noch Toleranz, um auch andern genügend Platz zu lassen!

→ Zum ethischen Philosophieren gehört es, sich vertiefte Gedanken darüber zu machen, wie wir mit andern Identitäten, mit dem Fremden überhaupt umgehen sollen. Doch vorher geht es darum, die Unterschiede erst einmal bewußt werden zu lassen, und dafür ist wiederum *die philosophische Grundübung des nicht-wertenden Vergleichens* am besten geeignet:

Was ist ähnlich, was unterschiedlich bei verschiedenen Menschen, deren Aussehen, Verhaltensweisen, Gedanken, Gefühlen, Sprachen ...? Viel Streit, der aus der Angst vor dem Fremden und Unbekannten geboren wird, könnte vermieden werden durch das Erkennen und *Anerkennen* fremder Realitäten!

Zum Kennenlernen der reichen Vielfalt an äußeren und inneren Unterschiedlichkeiten der Völker bietet **Peter Spiers** Bilderbuch «**Menschen**» (Thienemann 1981) äußerst anregende Darstellungen.

Die Stadtzwerge ahmen mit Gesten, Verkleidungen und Sprüngen verschiedene Tiere nach.

«In Portugal heiße ich ‹pomba›.»

«In Jugoslawien heiße ich ‹stakor›.»

«In Italien heiße ich ‹cinghiale›.»

«In Spanien heiße ich ‹rana›.»

Auch zwei Bücher von **Silvia Hüsler** befassen sich speziell mit dieser Thematik: **Stadtzwerge unterwegs** (1990) und **Das Bärenhaus unter dem Kastanienbaum** (1982), beide erschienen im Verlag Pro Juventute.

Es ist eine verbreitete Tatsache, daß viele Kinder der unterschiedlichsten Herkunft unsere Schulen und Kindergärten besuchen. Diese beiden Geschichten ermöglichen Kindern, die dafür nötige Toleranz zu lernen und zu erfahren. Durch gemeinsames Singen, Spielen, Kochen, Basteln usw. kommen sich die aus verschiedenen Ländern stammenden «Stadtzwerge» oder «kleinen Bären» näher. Sie lernen sogar ein wenig die fremden Sprachen voneinander kennen. So erfahren sie das Fremde nicht primär als «abnormal» oder gar bedrohlich, sondern als echte, schöne Bereicherung ihres Alltagslebens.

Ein Beispiel aus den «Stadtzwergen» ist auf der vorangegangenen Seite abgebildet. Wenn Kinder es diesen Stadtzwergen gleichtun und in die Rolle der abgebildeten Tiere schlüpfen, so «erkennen» selbst Fremdsprachige über das Bild und den Körper sehr gut, was eine Taube, einen Frosch oder eine Ratte ausmacht. Auch wenn die verschiedenen Völker unterschiedliche Bezeichnungen dafür haben, so können doch alle Kinder ihr Wissen gleichermaßen durch Bewegungen ausdrücken. Das nenne ich gern «Philosophieren mit dem Körper».

Und wenn die Kinder nun auf die Idee kommen, zu fragen: «Warum gibt es überhaupt verschiedene Sprachen?» dann sind wir schon wieder mitten im (Sprach–)Philosophieren (siehe Kapitel 4) drin!

PS. Wie würden Sie übrigens auf diese Frage reagieren, ohne gleich zu antworten?

Weitere Kinderbücher:

Zu den Rechten der Kinder

Martin Auer: Wärst du mal ich und ich mal du – Ein Buch über Kinderrechte, Gabriel Verlag Wien 1997.
Die 15 wichtigsten Artikel aus der UNO-Konvention phantasievoll spielerisch in Bilder und Gedichte umgesetzt.

Doris Lecher: Marleen die Mittelmaus, Bajazzo Verlag Zürich 2000.
Marleen findet ihr Schicksal als mittleres Kind wirklich hart, aber sie lernt auch die andere Seite sehen. Allen Mittelmäusen aus dem Herzen gesprochen!

Zum Thema Streit und Toleranz

Dagmar Geisler: Streiten gehört dazu, auch wenn man sich lieb hat, Ravensburger 1996.
Elternstreit beängstigt Kinder, wenn sie nicht verstehen, daß Streit befreien kann und dazu gehört.

Hanna Johansen: Die Ente und die Eule, mit (wunderhübschen) Zeichnungen von Käthi Bhend, bei Nagel und Kimche 1988.
Die Geschichte von zwei Vögeln, «die sich immer streiten, weil sie so verschieden sind – bis sie merken: ‹So wie du kann man es auch machen.›»

David McKee: Du hast angefangen! Nein, du! Sauerländer Aarau 1992.
Wie man sich möglichst phantasievoll beschimpfen kann, bevor man merkt, daß alles nur eine Frage der Perspektive ist …

Und zum eigene Werte Entdecken

John Burningham: Was ist dir lieber …, Sauerländer Verlag 1984.
Ein Buch, um das Begrunden auf phantasievoll-fröhliche Art zu üben: Kinder sollen nicht nur die jeweils lustigste Alternative nennen, sondern uns auch ihre Gründe dafür erläutern. Und wenn wir dann das Gleiche und doch Unterschiedliche in jeder Bildsequenz herausgefunden haben, könnten wir selber weitere passende Bilder dazu malen. Philosophieren mit dem Zeichenstift …

Fernando Savater: Tu, was du willst – Ethik für die Erwachsenen von morgen, Campus Frankfurt 1995.
«Ein Buch über die Kunst des Lebens und den Umgang mit der Freiheit.»

6. KAPITEL

Der philosophische Zugang zu religiösen Fragen

Gehören die Engel alle dem lieben Gott?

Bestimmt kennen Sie diese berühmt-berüchtigten Kinderfragen, welche die Eltern schwitzen oder je nachdem auch schmunzeln machen:

– Wohnt der Liebe Gott im Himmel? Wo fängt der Himmel denn eigentlich an?
– Ist Oma jetzt ein Engel?
– Wenn das Meerschweinchen stirbt, kommt es dann auch in den Himmel?
– Müssen Engel auch atmen? Hat es denn Luft im Himmel?
– Haben Engel auch Ferien?
– Was hat Gott gemacht, bevor er die Welt «erfunden» hat?
– Hat er wirklich alle Tiere und Menschen selber gemacht? Mich auch??
– Warum hat er bloß die lästigen Mücken gemacht?
– Gehört alles dem Lieben Gott? Warum?
– Wie kann er mich beten hören?
– Wenn Gott alles sieht, warum hilft er denn nicht den hungernden Kindern?
– Ist Gott auch einmal klein gewesen? Ich meine nicht Jesus, sondern den Gott im Himmel oben...

Bitte erwarten Sie von diesem Buch nicht die Antworten auf all die Fragen! Wenn es die nämlich so einfach gäbe, hätte man sie sicher schon längst aufgeschrieben, und jenes Buch wäre bestimmt ein Bestseller geworden...

Aber gibt es diesen «Bestseller» wirklich nicht? Doch, denn noch immer ist die Bibel das meistverkaufte Buch weit und breit. Nur: Es scheint nicht so einfach zu sein, aus ihren Texten die Antworten auf unsere Kinderfragen herauszulesen. Die meisten Menschen sind darauf angewiesen, daß man ihnen dabei hilft, die Heiligen Schriften zu verstehen. Das ist einer der Gründe, weshalb es Kirchen und Theologen, Pfarrer und Religionsunterricht gibt, und dies nicht nur im Christentum. Jede Religion hat ihre Schriftgelehrten oder Priester, die das Heilige Wissen verwalten und es ihren Völkern nahebringen durch Kult und Rituale, durch Mythen und Gebote.

Alle Religionen befassen sich auf ihre Art mit dem Göttlichen, dem geheimnisvollen Großen, das alles Menschliche übersteigt, und alle Religionen versuchen dem Menschen seine Lebens-Situation und seinen Bezug zum Göttlichen aufzuzeigen. In den Mythen (bildhafte Wahrheit) deuten sie die Entstehung der Welt und der Menschen, erklären sie die Beziehung der Menschen zum Göttlichen (religio – Rückbindung), und sie machen Angaben über das richtige Verhalten (Ethik und Kult).

➜ **Religionen haben – oder sind – Antworten auf die immerwährenden Fragen nach dem Woher und Wohin der Welt und des Menschen, nach Sinn und Bedeutung von Leben und Sterben, nach dem Göttlichen und unserer Beziehung zu ihm.**

Wenn Menschen auf diese Antworten vertrauen, wenn sie deren Weisheit ahnen oder spüren und erfahren können, dann sprechen wir von Glauben. Manche bezeichnen es auch als eine Art von Wissen, das mit der sehr persönlichen, vertrauensvollen Gewißheit verwandt ist. Und dann gab und gibt es aber leider auch immer Menschen, welche Glaubensangelegenheiten für beweisbare Tatsachen halten, von denen sie meinen, daß sie doch eigentlich für alle gleichermaßen gültig zu sein hätten. Diese Art von «Glauben» hat im Laufe der Geschichte zu unzähligen Kriegen und anderen Greueltaten geführt, von Hexenverbrennungen und Kreuzzügen bis zum Völkermord. Wo sich *gläubige* Menschen im Besitz von beweisbarem, allgemein verbindlichem *Wissen* wähnen, wo sie die Religion mit Absolutheits- und Machtansprüchen ohne Toleranz vertreten, da kann sie tatsächlich zur schändlichsten Fratze verkommen. Wie kann das vermieden werden?

Wieder ist es **Immanuel Kant**, der hierzu Entscheidendes gesagt und geschrieben hat. In seiner «**Kritik der reinen Vernunft**» erklärte er: «Ich mußte das *Wissen* aufheben, um zum *Glauben* Platz zu bekommen.» Damit machte er jene Grenze deutlich, die bei Missachtung zu Religionskriegen führen kann, nämlich die Grenze zwischen allgemeingültiger, beweisbarer Erkenntnis und der individuellen Glaubensgewißheit: Wo unsere menschlichen Sinne und unser Verstand hinreichen, da können wir uns über «die Wahrheit» einig werden, denn dort herrschen die Gesetze der Wissenschaftlichkeit, dort kann das Wissen bewiesen werden. Wenn es aber um «Dinge» wie Gott, Seele, Tod, Unsterblichkeit, Freiheit usw. geht, die weder mit unseren Sinnen, noch mit unserem Verstand erfaßt werden können, bleibt uns nur die Hoffnung, das Vertrauen oder eben der persönliche

Glaube. «Das Wissen *aufheben*» hat damit eine doppelte Wortbedeutung erhalten: 1. dem Wissen seinen Platz (auf-)bewahren, und 2. das Wissen beiseite legen, damit der Glaube Platz bekommt.

Wir treffen hier auf eine ähnliche Grenze wie schon im 2. Kapitel, wo es um die verschiedenen Wirklichkeiten ging. Wir haben dort vermieden, die Wirklichkeit der Phantasie- oder Traumwelt gegen die konkrete Tagesrealität auszuspielen, indem wir beide wichtig und ernst nahmen, und jeder ihren Platz einräumten. Ebenso brauchen sich auch der Wissens- und der Glaubensbereich nicht zu konkurrenzieren. Nur das unwissentliche oder gar absichtliche Vermischen der beiden schafft Probleme, kann zu Fanatismus und gefährlichster Intoleranz führen.

➜ **Auch die Philosophie beschäftigte sich seit jeher mit den Fragen nach Gott und Seele, nach Leben und Tod, nach dem Davor und Danach. Im Unterschied zur Religion aber, die vor allem das überlieferte Glaubensgut und bestimmte Antworten weitervermittelt, steht die Philosophie mehr auf der fragenden Seite.**

Die Philosophie versucht in immer neuen Durchgängen die religiösen Themen zu umkreisen, um der Wahrheit näher und näher zu kommen. Sie sollte jederzeit offen bleiben für das Weiterfragen und sich nie im Besitze der endgültigen Wahrheit wähnen. (Allerdings haben auch die Philosophen sich nicht immer daran gehalten!)

➜ **Wenn Sie mit Ihrem Kind philosophieren wollen, müssen auch Sie bereit sein, bisher Geglaubtes zu hinterfragen, um es – zusammen mit dem Kind – nochmals neu zu überdenken. Philosophieren heißt, selbst auf die Suche zu gehen, und das ist der Grund, weshalb Sie von diesem Buch keine fertigen Antworten erwarten dürfen.**

❊ *Gibt es Engel?*

– Wo ist das Kerzenflämmchen, wenn ich es ausgeblasen habe?
– Wohin geht das Bauchweh, wenn es weggeht?
– Wo sind meine Träume am Tag?
– Ist der Liebe Gott durchsichtig?
– Was ist das: die Seele?
– Sind Schutzengel auch gestorbene Menschen?

Bei all diesen Fragen geht es um Dinge, deren Existenz (Dasein) nicht mit Augen oder Händen überprüft werden kann. Die Flamme, das Bauchweh, die Träume, die lassen sich wenigstens erfahren, solange sie «da» sind. Bei Gott, Seele oder Engeln ist das schon viel schwieriger. Und dann gibt es ja auch noch das seltsame Phänomen, daß ein Kind den St. Nikolaus sehr real gesehen, gehört und erlebt hat; trotzdem erfährt es eines Tages von älteren Spielkameraden, daß es diesen «Nikolaus» gar nicht «gäbe». Und da soll sich noch einer auskennen!

➜ **Wenn ein Kind nach den Engeln fragt, so hat es bestimmt schon selbst irgendwelche Gedanken gehabt, und die will es durch sein Fragen vermutlich überprüfen oder weiterentwickeln. Es ist daher ratsam, zuerst (wieder!) einmal zurückzufragen: «Wie kommst du darauf, daß es Engel geben könnte?»**

Als nächstes werden wir uns dann mit *zwei Begriffsklärungen* befassen müssen: 1. Was meint das Kind überhaupt mit «Engel», und was verstehen wir selbst darunter? 2. Was heißt: Es *gibt* sie (oder auch nicht)? Bestimmt «gibt» es sie: als Wort, als Gedanke, als Bild, als ...! Aber als Wesen? Die Frage sollte daher eigentlich besser lauten: *Wie* gibt es sie?

Die gleiche Frage stellt sich übrigens ja auch beim «Nikolaus» oder etwa beim Osterhasen. Sie ersparen dem Kind eine Enttäuschung und sich selber den Vorwurf, sie hätten das Kind belogen, wenn sie niemals zugeben, es «gäbe» beides nicht.

Soll das etwa eine Anstiftung zur Lüge sein? Keineswegs! Denn wer von Ihnen möchte behaupten, noch nie einen Schokolade-Osterhasen gegessen (oder zumindest gesehen) zu haben? Es «gibt» ihn also: Und sei es nur aus Schokolade! Und dann «gibt» es den putzigen Kinderfreund ja auch noch als Geschichten-Held, es «gibt» ihn als Symbol für die strotzende Fruchtbarkeit jeden Frühlings, es «gibt» ihn als Streicheltier aus Plüsch oder ganz echt im Hasenstall... Nein, zu lügen brauchen wir wahrhaftig nicht!

Wenn Ihr Kind an der «Zweifelgrenze» bezüglich Osterhasen angelangt ist, wird es ihm eine Hilfe sein, wenn Sie **Wiltrud Rosers** Bilderbuch **Alles über Osterhasen**» (Pro Juventute, Zürich 1984/89) zusammen anschauen. Hier lernt das Kind verschiedene Osterhasen kennen, vom «ganz echten» über den «fleißigen» bis zum «Osterhasen mit der Reisetasche». Bestimmt wird es einem Kind leicht fallen, sich danach selbst noch neue Osterhasen-Geschichten auszudenken, und es wird sich weiterhin über sein Osternestchen freuen können, auch wenn es inzwischen über die «Wirklichkeit» des Osterhasen aufgeklärt ist.

Doch zurück zu den Engeln! Die lassen sich nicht so leicht als «Märchenfiguren» einordnen, denn ihre «Realität» scheint doch von ganz anderer Art zu sein: Die Bibel spricht (bildhaft) von göttlichen Boten und Thronstehern, viele Religionen berichten von strahlenden Lichtwesen, manche Menschen erzählen von konkreten Erlebnissen, die sie mit Engeln hatten, und es ist nichts Ungewöhnliches, daß Kinder oder Sterbende von engelartigen Erscheinungen, die ihnen nahe waren, reden. Solche Aussagen können nicht einfach überhört werden. Zu häufig kommen sie vor, als daß man sie als «pure Phantasie» abtun dürfte.

➜ Wenn Sie in glaubender Haltung an die Frage der Engel herangehen, so können Ihnen jetzt die überlieferten religiösen Lehren eine Hilfe sein. Diese werden Sie auch Ihrem Kind nahebringen wollen.

Wenn Sie aber unsicher sind oder selbst an der Existenz von Engeln zweifeln, dann ist es nicht ratsam, dies vor dem Kind zu verbergen. Gerade in religiösen Belangen ist absolute Aufrichtigkeit besonders wichtig.

➜ Wenn wir mit Kindern über Engel oder andere religiösen Themen philosophieren, dann versuchen wir, gemeinsam einige Schritte zu tun in Richtung: mehr darüber erfahren, mehr dazu bedenken, mehr davon verstehen. Dies mit dem Ziel, Vertrauen zu gewinnen in die uns alle umgreifende, große Ordnung.

Wie ist das gemeint: erfahren, bedenken, verstehen?

Zuerst versuchen wir (das heißt: das Kind und wir Eltern oder Lehrer/innen) uns zu erinnern, ob und wie wir selbst, ganz persönlich und direkt, schon Erfahrungen mit so etwas wie Engeln gemacht haben:

- Sind sie uns vielleicht einmal (z.B. im Traum) begegnet?
- Haben wir irgendwo ihre Kraft spüren können?
- Haben wir das Gefühl, manchmal von einer Art Schutzengel begleitet zu sein?
- Manche Leute können innerlichen Kontakt zu ihnen aufnehmen, mit ihnen reden oder sie sogar sehen.
- Welche Erlebnisse fallen Ihnen ein, die irgendwie von Engeln oder etwas Ähnlichem begleitet zu sein schienen?
- Vielleicht spüren Sie manchmal die Nähe eines verstorbenen Verwandten als Kraftquelle oder auch als Bedrückung...

Kann sein, daß Ihnen all diese Gedanken reichlich fremd sind und daß Sie sich keine einzige der geschilderten Situationen für Ihr eigenes Leben vorstellen können. Vielleicht aber waren Sie bisher nur nicht sensibilisiert für solche Erlebnisse, weil Sie gar nie auf die Idee gekommen sind, daß Engel auch etwas mit Ihnen zu schaffen haben könnten?

Wenn Sie sich offen fühlen für neue Erfahrungen, so könnten Sie in den kommenden Tagen einmal versuchen, genauer darauf zu achten, ob Ihnen nicht irgendwo ein Engel begegnet...

Wenn wir nun unsere eigenen Erfahrungen und die der Kinder (sie sind oft erstaunlich klar, wenn es um Engel geht!) und schließlich auch noch diejenigen, welche wir Berichten glaubwürdiger Menschen entnehmen können, zusammenlegen, so ergibt dies vermutlich schon einen ganz ansehnlichen Bestand zum Weiterphilosophieren (bedenken und verstehen):

– Wie unterscheiden sich die Erfahrungen?
– Gibt es Ähnliches bei mehreren davon?
– Bedeutet «Engel» für alle dasselbe?
– In welchem Zusammenhang sprechen wir oder andere von «Engeln»?
– Welche Merkmale, welche Besonderheiten scheinen Engel zu haben?
– Wie könnten wir uns das «Erscheinen» von Engeln erklären?
– Weshalb erleben wohl nicht alle Menschen ihre Anwesenheit?
– Möchten wir mehr Erfahrungen machen? (Wie) kann man das?

✻ *Wo wohnt der Liebe Gott?*

Wenn Sie es sich einfach machen möchten und schnell antworten: «Im Himmel», so werden Sie vermutlich mit unzähligen Folgefragen rechnen müssen: «Und wo ist das? Kann ich dort zu ihm gehen? Ist Oma auch dort? Warum kann ich sie nicht besuchen? Mit einer Rakete vielleicht...»

So einfach scheinen Sie also auch diesmal nicht wegzukommen. Versuchen wir es deshalb doch nochmals mit dem Philosophieren! Das hat (für Sie) den Vorteil, daß Sie den Ball zuerst einmal zurückspielen können, indem Sie fragen: «Was meinst denn *du*, wo er wohnt?» Und während Sie jetzt vielleicht einer wunderbar phantasievollen Beschreibung des Paradieses zuhören dürfen, haben Sie Zeit, Ihre eigenen Gedanken und Gefühle zu der Frage ins Bewußtsein zu holen:

– Wie denke ich eigentlich wirklich darüber? «Wohnt» Gott überhaupt?
– Glaube ich denn tatsächlich an «ihn»?
– Wer oder was ist denn das, was ich mit «Gott» zu bezeichnen pflege?
– Stelle ich mir den alten Mann mit Bart vor, der auf seinem himmlischen Thron sitzt, oder was sonst?
– Ist es wirklich ein «Er»?
– Was bedeutet «er» mir?
– Wie erfahre ich «ihn»?

Wenn Ihr Kind mehr wollte, als nur etwas mit Ihnen plaudern oder eine Zeichnung vom Paradies anfertigen, dann könnten Sie ihm jetzt erzählen, wie *Sie* Gott erleben. Aber nur, wenn es auch wirklich stimmt! Sollten Sie Zweifel hegen, so hat es gar keinen Zweck, Ihren Kindern etwas vorzumachen. Sie werden auf die Dauer keines von ihnen zu einem Gott führen können, an den Sie selber nicht glauben.

Viele Eltern bekunden heutzutage Mühe mit dem traditionellen Gottesbild, das den meisten von uns noch vermittelt wurde, obwohl das Gebot sagt: Du sollst dir kein Bildnis machen! Manche lehnen auch die ganze Religion ab, meinen damit aber häufig eigentlich die Institution Kirche.

➜ Versuchen Sie herauszufinden, was Ihre eigenen religiösen Empfindungen sind, wie es um Ihre ureigene Religiosität bestellt ist, und zwar möglichst unabhängig von dem, was man Ihnen darüber einmal beigebracht hat.

Die Tatsache, daß alle Völker der Erde, seit es Menschen gibt, neben der weltlichen Kultur auch ein religiöses Leben entfaltet haben, läßt den Schluß zu, daß die Religion etwas zutiefst Wichtiges für unser menschliches Dasein bedeutet. Kein Tier hat je eine Religion entwickelt; zumindest hat man nie irgendwelche Anhaltspunkte dafür entdeckt, daß dies doch der Fall sein könnte.

Welcher Art die Religiosität der Völker aber war oder ist, welche äußeren Formen und Vorstellungen damit verbunden waren, das ist sehr unterschiedlich.

Der alte Grieche **Xenophanes** meinte sogar einmal spottend: «Wenn die Ochsen und Rosse und Löwen Hände hätten oder malen könnten, so würden die Rosse roßähnliche, die Ochsen ochsenähnliche Göttergestalten malen...»

Könnte es etwa sein, daß unser Gott so häufig als bärtiger Mann gedacht wurde, weil es einst die alten Priester waren, welche dem Volk von Gott erzählten? Und hängt damit vielleicht zusammen, daß in der katholischen Kirche noch immer keine Priester*innen* geweiht werden dürfen?

➜ Über religiöse Fragen zu philosophieren ist der Versuch, sich vermehrt auf den eigenen, persönlichen Bezug zum Göttlichen zu besinnen, statt (kirchlich) Vorgegebenes fraglos zu übernehmen. Wo beide, Kirche und Einzelmensch, auf dem richtigen Weg sind, dürften die Ergebnisse vermutlich nicht allzu sehr variieren.

Es gibt natürlich noch eine Fülle weiterer religiöser Themen, die Kinder brennend interessieren:

- Was geschieht beim Tod und danach mit den Menschen (oder mit Tieren)?
- Wo sind wir gewesen, bevor wir auf der Welt waren? Noch vor «Mamas Bauch»?
- Was ist das, was man Seele nennt? Und wie unterscheidet sich das von «Geist» oder Geistern und Gespenstern?
- Wenn Gott alles gemacht hat, wer hat dann Gott gemacht?
- Warum, wozu leben wir überhaupt?

Gerade die letzte dieser Fragen wird in der Pubertät besonders aktuell. Aber wir haben im ersten Kapitel gesehen, daß sich auch viel kleinere Kinder schon über den *Sinn* von allem Möglichen wundern, und daß sie diesen Sinn immer auch in Beziehung bringen mit ihrem eigenen Leben.

➜ Auch in religiösen Belangen geht es letztlich immer um solches Fragen nach dem Sinn unseres Daseins und unseres Handelns. Sich damit auseinanderzusetzen, ist nicht nur für Kinder und Jugendliche notwendig; wir alle haben Orientierung nötig, um uns in der Welt und im Leben zurechtzufinden.

Die Entscheidung darüber, wo und wie wir nach Antworten suchen, die uns diese Orientierung ermöglichen, bleibt jedem/jeder überlassen. Beim Philosophieren mit Kindern und Jugendlichen versuchen wir, die Antworten nicht einfach von irgendwelchen Autoritäten zu übernehmen, sondern unsere Richtlinien gemeinsam selbst zu erarbeiten.

Hier ein paar Hinweise auf Literatur, die bei religiösen Fragen weiterhelfen kann:

Es sind lauter Bücher, die zu ihrer Verwurzelung in der christlichen Kultur stehen, aber dennoch dazu einladen, sich eigene Meinungen zu bilden.

Rainer Oberthür: Kinder und die großen Fragen, Kösel 1995.
Wege offenen – philosophischen – religiösen Lernens mit Kindern, (nicht nur) für den Religionsunterricht! Ein Praxisbuch über Gott und Identität, Zeit, Schöpfung, Tod und Auferstehung und die Bildsprache der Bibel.

Egbert Haug-Zapp/Heidi Mühle (Hrsg.): Wenn Kinder nach Gott fragen, Rowohlt Hamburg 1995.
Hilfe für religiös verunsicherte Eltern oder Erzieherinnen von Kindern bis vierzehn Jahren.

Daniela Tausch-Flammer/Lis Bickel: Wenn Kinder nach dem Sterben fragen – Ein Begleitbuch für Kinder, Eltern und Erzieher, Herder Freiburg 1998.

Tobias Brocher: Wenn Kinder trauern – Wie Eltern helfen können. Rowohlt Hamburg 1990.
Einstiegshilfe in ein Thema voller schwieriger Fragen.

Brian Wildsmith: Die Ostergeschichte, bohem press 1999. Für Kinder verständliches, schönes Bilderbuch über die schwierigen Passions- und Osterereignisse.

Für Lehrer/innen (oder Eltern) von Jugendlichen

Materialien für die Sekundarstufe II, Philosophie: **Wohin mit der Religion? –** Aspekte der Religionsphilosophie, **hrsg. von Norbert Tholen u. a.** im Schroedel Schulbuchverlag 1978.
(Das Xenophanes-Zitat habe ich dieser Textsammlung entnommen.)
Das Buch ist eines aus einer Reihe von themenbezogenen Philosophie-Lehrmitteln mit Originaltexten von Philosophen, Informationen und Arbeitsvorschlägen. Weitere Bände heißen z. B.: «**Was ist der Mensch?**» oder: «**Was sollen wir tun?**»

Unterrichtspraxis Religion: «**Hölle**», **hrsg. von Jürg Ohlemacher** im Schroedel Schulbuchverlag 1990.
Theologische Informationen, Unterrichtsbeispiele für Sekundarstufe I und II, Medien und Materialien. Geeignete Anstöße und Sachinformationen zum eigenen Nachdenken über die Hölle.

Alles über Weihnachtsmänner und Engel und wie man sie erleben und/oder darüber philosophieren könnte

Gisela von Radowitz: Der doppelte Weihnachtsmann – Eine halbwahre Geschichte mit Bildern von Helme Heine, Diogenes Zürich 1988.

Arcadio Lobato: Das Geheimnis am Norpol, bohem press Zürich 1997.
Ossito, der kleine Eisbär, erfährt endlich, daß es ganz viele Weihnachtsmänner gibt, und dass alle zusammen «den richtigen» ausmachen.

Pirkko Vainio: Der Weihnachtsengel, Nord-Süd Verlag Zürich 1995.
In engelhaft zarten, durchscheinenden Bildern kommen hier alle Arten von Engeln vor: vom Pfefferkuchen über menschliche Engel bis zum geheimnisvollen Licht im nächtlichen Schlafzimmer.

Ein wichtiges Buch für die Erziehung zur Toleranz gegenüber anderen Kulturen und Religionen

Esther Bisset und Martin Palmer: Die Regenbogenschlange – Geschichten vom Anfang der Welt und von der Kostbarkeit der Erde, Zytglogge und WWF Schweiz 1987.
«Unser Verhältnis zur Welt, in der wir leben, wird von den religiösen Werten und der Schöpfungsgeschichte unseres Glaubens geprägt. Die Religionen überall auf der Welt geben ganz verschiedene Vorstellungen davon, was zu Beginn der Zeiten geschah.» (für 9–13jährige)

Und einiges über «Mister Gott» und seine Schöpfung

Helme Heine: Samstag im Paradies, Middelhauve Köln 1992. (Bilderbuch nicht nur für kleine Kinder!)
Wie Gott uns erschuf, und wieso grad in dieser Art. Wie er uns seine wundervolle Schöpfung schenkte.

Fynn: «Hallo Mister Gott, hier spricht Anna», Scherz Verlag 1987. Und die genauso lesenswerte Fortsetzung: **Anna schreibt an Mister Gott,** 1987.

Und das meint «Anna» zur Frage der Engel:
«Der Unnerschied von einen Menschen und einen Engel ist ganz einfach: Das meiste von ein Menschen ist außen ...»

Worauf es beim Philosophieren mit Kindern und Jugendlichen ankommt

Das Philosophieren ist eine zutiefst menschliche Angelegenheit, denn es hängt zusammen mit unserer ganz speziellen, offenbar exklusiv menschlichen, geistigen Fähigkeit, Distanz nehmen zu können: Wir sind dazu fähig, Dinge, Ereignisse und sogar uns selber gleichsam mit Abstand zu betrachten, das heißt, wir können *über die Dinge und uns selber nachdenken und sprechen*. Tiere sind ihrer Lebtag lang damit beschäftigt, ihr Leben zu leben. Wir Menschen dagegen haben die Möglichkeit, unser Leben *bewußt* zu erleben und darüber zu reflektieren. Wir brauchen es nicht nur geschehen zu lassen, sondern wir können *unser Leben führen*.

Aus dieser in uns angelegten *Möglichkeit* (sie birgt sowohl Chancen als auch Gefahren!) beginnt schon beim kleinen Kind *Wirklichkeit* zu werden, wenn es nämlich entdeckt, was mit «ich» gemeint ist; und sie entfaltet sich weiter und erstarkt, wenn das erste «Nein» ausprobiert wird. Aus der in allen Menschen *angelegten geistigen Freiheit* entwickelt sich allmählich ein Bewußtsein:

Ich bin ich, und ich kann/muß entscheiden, wie ich mich verhalten, wie ich handeln will. Es entsteht das *Selbst-Bewußtsein,* das Wissen um mich selber. Ich kann mich und mein Handeln zum Gegenstand meines Denkens machen. Damit aber werde ich auch *verantwortlich für mein Leben.*

➜ **Wenn wir mit Kindern und Jugendlichen philosophieren, begleiten wir sie auf diesem Weg der Selbst- und Bewußtwerdung. Wir unterstützen sie dabei, wenn sie ihre eigenen Fähigkeiten und Möglichkeiten zu erkennen beginnen, und wir stehen ihnen zur Seite als Mitmenschen, welche denselben Prozess auch für sich selbst immer wieder anstreben.**

Am Anfang allen Philosophierens steht das Staunen, gefolgt von Neugier und Wissensdurst, aber auch von Zweifeln. Mit dem ersten «Warum?» Ihres Kindes ist das Philosophieren erwacht, und Sie können es als Eltern nun aufgreifen und unterstützen. Wie – das habe ich Ihnen mit diesem Buch zu zeigen versucht.

➜ **Ich werde im Folgenden das Wichtigste zusammenfassend wiederholen, indem ich auf jene Kapitel hinweise, in denen mehr darüber zu lesen war. (In Klammern jeweils die betreffende Kapitel-Nummer.)**

Philosophieren als pädagogische Haltung

Es geht darum, Kinder mit ihren Fragen und Erkenntnisbemühungen ernstzunehmen, sie mit ihren eigenen Ansichten und Meinungen als gleichwertige (nicht: gleiche!) Partner/innen zu akzeptieren, ihnen dieselbe Achtung und Liebe entgegenzubringen, die wir uns auch von ihnen erhoffen. Es geht um einen behutsamen, sensiblen Erziehungsstil, der Kindern viel zutraut und ihnen Mut macht, eigene Wege zu gehen. Es geht *nicht* darum, sie einfach machen zu lassen, «was sie wollen», sondern darum, daß sie herausfinden können, was für sie das *Richtige* ist, und daß wir uns mit ihnen gewaltfrei und durch Argumente auseinandersetzen, wo Meinungsverschiedenheiten auftreten.

Aus dieser Haltung heraus ist das ganze Buch entstanden. Spezielle Ausführungen dazu finden Sie außerdem in Kapitel fünf: Der partnerschaftliche Dialog, oder auch in Kapitel sechs: Philosophische oder konfessionell-religiöse Erziehung?

Die philosophischen Grundtechniken

Auch beim Philosophieren gibt es – wie bei jeder Kunst – so etwas wie ein «Handwerkszeug». «Denkfertigkeiten» nennt sie der amerikanische *Pionier der Kinderphilosophie, Professor* **Matthew Lipman:** Eine Art Abc oder Einmaleins des Philosophierens, das schon kleine Kinder lernen können, und mit dem auch große Philosophen immer noch arbeiten.

Die grundlegendste dieser Techniken haben Sie bereits im zweiten Kapitel ausführlich kennengelernt: **Das nicht-wertende Vergleichen, mit dem man Unterschiede und Ähnlichkeiten herausarbeitet,** sei das nun bei den vielfachen äußeren oder inneren Wahrnehmungen (1)*, sei es bei Begriffen wie «Vogel» oder «Löffel» oder den verschiedenen Arten von Wirklichkeit (2), zwischen den diversen Bäumen oder Sternen (3), zwischen Menschen und Tieren (4) oder den Kindern aus fremden Ländern (5), zwischen Wörtern oder Osterhasen oder Gottesbildern (6) …

➜ Mit dieser Technik üben wir, genauer und differenzierter wahrzunehmen (auch die inneren Bilder, die Gedanken und Gefühle!), exakter und kritischer zu denken und zu sprechen, bewußter zu entscheiden und variantenreicher zu handeln.

Das nicht-wertende Vergleichen brauchen wir sehr häufig und für alle *drei Grundmuster des Philosophierens:*

– In Frage stellen, weiterfragen

– Begriffe klären und erklären

– Begründen und argumentieren

In Frage stellen: Kinder sind in dieser Beziehung vielleicht die natürlichsten Philosophen. Mit ihrem ständigen Hinterfragen und Weiterfragen halten sie das Denken in Bewegung. Lassen wir uns von ihnen anstecken!

– Können wir Menschen wirklich mehr als die Tiere? (1)
– Warum heißt ein Tier, das gar nicht fliegen kann, überhaupt «Vogel»? (2)
– Was ist am Ende der Unendlichkeit? (3)
– Stimmt es, daß Tiere nicht denken können? Warum darf man Tiere töten, aber Menschen nicht? (4)
– Ist tatsächlich das Größere auch immer das Bessere? Warum gibt es so verschiedenartige Menschen? (5)
– Gibt es wirklich (keine) Engel? Wovon reden wir eigentlich, wenn wir «Gott» sagen? (6)

* Ziffern beziehen sich auf die Kapitel

Mit dem sokratisch-philosophierenden Weiterfragen versuchen wir vom Einzelfall zum Allgemeinen vorzudringen, um von dort Erkenntnisse als Entscheidungshilfen zurückzutragen zum Ausgangspunkt (3/4).

Mehr über die Bedeutung des richtigen, vertiefenden Fragens können Sie in der Einleitung nachlesen.

Die Begriffsklärung: Sie wurde in Kapitel drei ausführlich beschrieben. Wir verwenden sie immer dann, wenn wir sicher sein wollen, daß wir in einem Gespräch auch wirklich dasselbe unter einem Wort verstehen: Was meinst du mit «richtig»? (2) Was ist überhaupt Moral? (5) Was ist denn der Unterschied zwischen Religion und Philosophie? (6)

Bei Begriffsklärungen geht es immer um das *Wesentliche* einer Sache, um das, was sie *eigentlich* ausmacht. Wir haben sie mehrfach geübt: Sinn/Sinne (1), Wirklichkeit, Vogel, Löffel (2), Stern, Baum, Unendlichkeit (3), denken/wissen (4), groß/klein, fremd, Menschsein (5), glauben/wissen, Osterhase, Engel, Gott (6).

Das Begründen schließlich haben wir besonders im Zusammenhang mit Werten, mit Ethik und Moral (4/5) kennengelernt: Es ist so wesentlich, weil erst gute Gründe unseren Standpunkten Halt und Festigkeit geben. Nur begründbare Behauptungen und Meinungen können kritische Menschen überzeugen. Ermutigen wir daher die Kinder immer wieder, ihre Ansichten zu begründen, damit sie sich ihrer Wertsetzungen oder Folgerungen bewußt werden können: Warum ist es wichtig, daß es manchmal regnet? (1) Wie können wir eigentlich wissen, ob wir gerade jetzt nicht in der Traumwelt sind? (2) Warum gefällt dir dein Name (nicht)? (3) Weshalb essen wir Fleisch, obschon wir Tiere gern haben? (4)

Wie kommst du darauf, daß die Großen mehr dürfen als du? (5) Oder bei zweifelnden Jugendlichen: Was spricht dafür, daß es so etwas wie «Gott» doch gibt? (6).

Die Methoden der Kinderphilosophie

Als Hauptmethode haben wir im Einleitungs-Kapitel die **sokratische Hebammenkunst** kennengelernt, das heißt: Kindern und Jugendlichen durch gezielte Fragen zu helfen, ihre Gedanken in geordneter, vertiefender und kreativer Weise weiterzuspinnen. Im partnerschaftlichen Dialog versuchen wir, gemeinsam eine Sache zu «erhellen», wie es der Philosoph **Karl Jaspers** ausgedrückt hat.

Wie die Philosophie (im Vergleich mit der Religion) überhaupt mit Fragen umgeht, dazu steht einiges in Kapitel 6.

Um mit Kindern ins philosophische Gespräch zu kommen, gibt es mehrere methodische Möglichkeiten:

- **Kinderfragen aufgreifen** und zurückfragen. Dazu finden Sie in jedem Kapitel etwas, besonders aber in 1 und 3, oder, mehr themenbezogen, in 4 und 6: die Fragenkataloge zum Katzen Wissen oder zu den Engeln.

- **Kinderbücher oder -texte als Ausgangspunkt** benützen, indem wir uns einige gezielte Fragen dazu überlegen: zum Beispiel zur Straußengeschichte (2), zur «kleinen ente namenlos» (3), zu Bruno und dem Kalbshirn (4), zu groß und klein oder zu Kinderrechten (5). Mit solchen **Fragekatalogen** lassen sich Kinder gerne anregen, uns ihre eigenen Ansichten mitzuteilen. Und nicht vergessen: Kinder sind auch an *Ihrer* Meinung interessiert, solange Sie sie ihnen nicht aufdrängen!

→ Am Ende jedes Kapitels finden Sie jeweils eine Anzahl weiterer Büchervorschläge, die auch zum betreffenden Thema passen und in ähnlicher Weise wie die im Text genannten Kinderbücher als Gesprächsanlaß dienen können.

Weil sich aber nicht nur durch Nachdenken und Gespräche Erkenntnisse erweitern lassen, bieten sich zusätzlich die folgenden, mehrfach erwähnten Methoden an:

- **Rollen- und Bewegungsspiele**
  Handpuppen-Dialog / Klänge tanzen (1), Flügelbewegungen (2), Katze spielen (4), Tiere nachahmen (5).

- **Zeichnen, malen, Collagen kleben**
  Kopfsilhouette füllen (1), Löffel-Vogel (2), Bäume / Sterne / Unendlichkeit (3), Gehirn / Lebenslauf (4), Paradies (6).

- **Tagträume, Phantasiereisen**
  Äpfel / Sinne überkreuzen (1), «Anna im All» (3), «Betriebsbesichtigung» (4).

- **Brain- und Heart-Stormings:**
  Ein freier Assoziations-«Sturm» durch Gehirn und Herz, um unbewußtes (häufig bildhaftes) «Wissen» aufzustöbern. Wir «wissen» mehr, als uns «bewußt» ist! Sinnes-Erinnerungen / Sinn-Wörter (1), «Denk-Zettel» (4), Was «stimmt» für mich? (5), Engelserfahrungen(6) ...

Über die Bedeutung solcher «Herz- und Hand-Methoden» wurde in der Einleitung berichtet, und im vierten Kapitel konnten Sie mehr über das Verhältnis von Sprache und Bild, von Philosophieren und Phantasieren, von Logos und Mythos lesen.

Die Themen der Philosophie

Immanuel Kant unterschied zwei Arten von Philosophie: Die der «Berufs-Denker» an den Universitäten und jene, die uns alle ganz direkt angeht. Letztere nannte er *«Die Philosophie nach dem Weltbegriff»* und traute schon Zehnjährigen zu, sich damit zu beschäftigen. In vier Fragen faßte er die Themenbereiche dieser «Welt-Philosophie» zusammen:

Was kann ich wissen?	(Erkenntnislehre)
Was soll ich tun?	(Ethik)
Was darf ich hoffen?	(Metaphysik)
Was ist der Mensch?	(Anthropologie)

➜ Beim Philosophieren mit Kindern und Jugendlichen halten wir uns weitgehend an diese Fragestellungen. Wir handeln sie aber nicht nur allgemein ab, sondern bemühen uns, immer wieder den Bezug zu uns als Einzelmenschen herzustellen oder zu entdecken: Der philosophische Blick auf das Allgemein-Menschliche soll nicht im Erkennen allein stecken bleiben, sondern den Kindern (und uns!) Schlüsse und Orientierung für unser individuelles Leben ermöglichen:
- **Was weiß ich? Was kann ich?**
- **Was will oder muß ich tun, und warum?**
- **Wo liegt der Sinn? Mein Lebenssinn?**
- **Wer bin ich? Was gehört/paßt zu mir?**

Mit Kants erster Frage haben wir uns zum Beispiel beim Thema Phantasie und Wirklichkeit (2) befaßt, oder bei Wissen, Denken und Sprache (4), aber auch bei der Abgrenzung der Metaphysik (3).

Die zweite Frage nach Ethik und Moral beschäftigte uns vor allem im fünften Kapitel: Es ging um Werte und Normen, um Macht, Rechte, Streit und Toleranz (5), um das Töten (4) oder um sinnvolles Handeln und Tun (1).

Die dritte Frage wurde gestreift mit der religiösen Problematik (6), auch mit Themen wie Unendlichkeit von Zeit und Raum (3) oder wiederum Sinn (1/6).

Mit der vierten Frage schließlich wollte Kant die andern drei gleichsam in einer zusammenfassen, weil eben jede der drei vorangegangenen mit unserem Menschen-Dasein ganz eng verknüpft ist: Wir Menschen können denken (wissen: 4), müssen entscheiden und handeln (tun:5), und wir sind gefühlsmäßig auf etwas Größeres, Umfassenderes, Unbegrenztes ausgerichtet (hoffen: 6).

➜ Was ist der Mensch? Was sind wir für Einzelwesen? Wer bin ich? Und wie lebt man/frau sinnvoll? Um diese Fragen von Identität und Lebensvollzug ging es uns in jedem der sechs Kapitel immer wieder.

Wozu schon mit Kindern philosophieren?

Wir leben in einer Zeit des rasanten Wandels. Was gestern gültig war, kann morgen schon überholt sein. Diese Veränderung betrifft vor allem auch die Sinn und Orientierung gebenden Werte und Normen von Religion und Tradition. Wer heute und morgen sein Leben bewußt und selbstverantwortlich führen will, muß fähig sein, kritisch und kreativ immer neue, eigene Wege zu finden. Das Philosophieren mit Kopf, Herz und Hand kann Kindern (aber nicht nur ihnen!) dabei helfen. Und außerdem: Es macht Spaß und fördert den Mut, auf sich selbst und das große, uns alle umgreifende Ordnungsgefüge zu vertrauen!

Wenn Sie gerne noch mehr lesen möchten:

Barbara Brüning: Mit dem Kompaß durch das Labyrinth der Welt – Wie Kinder wichtigen Lebensfragen auf die Spur kommen, Leibniz-Bücherwarte 1990.
Für das Philosophieren mit kleineren Kindern außerhalb der Schule.

Gareth B. Matthews: Philosophische Gespräche mit Kindern, Freese-Verlag Berlin 1989.
Anregungen und Diskussions-Ergebnisse aus schottischen Schulklassen.

Philip Cam: Zusammen nachdenken – Philosophische Fragestellungen für Kinder und Jugendliche. Eine praktische Einführung, Verlag an der Ruhr 1996.

Eva Zoller Morf: Philosophische Reise – Unterwegs mit Kindern auf der Suche nach Lebensfreude und Sinn, pro juventute verlag Zürich 1998.
Für das Philosophieren mit Kindern im Primarschulalter über die großen Fragen wie: Woher kommen wir? Wohin gehen wir? Wozu sind wir auf dieser Welt?

Doris Daurer: Staunen Zweifeln Betroffensein – Mit Kindern philosophieren, Beltz Verlag Weinheim 1999.
Erklärung der kinderphilosophischen «Werkzeuge» und methodische Tips für Eltern und Lehrpersonen.

Helmut Schreier: Himmel, Erde und ich – Geschichten zum Nachdenken über den Sinn des Lebens, den Wert der Dinge und die Erkenntnis der Welt, Dieck Heinsberg 1993.
Und: **Über das Philosophieren mit Geschichten,** Begleitbuch dazu von Helmut Schreier.

s'Käuzli

So nennt sich die Schweizerische Dokumentationsstelle für Kinder- und Alltagsphilosophie in Altikon bei Zürich.

Die Sammlung kann auf Voranmeldung hin besucht werden (Tel. 052 / 336 22 33). Sie enthält philosophische, psychologische, pädagogische und didaktische Literatur, zum Philosophieren geeignete Kinderbücher und andere Unterrichtshilfen, Videofilme und Tonkassetten (zum Beispiel Gesprächsaufzeichnungen) zur Kinderphilosophie (keine Ausleihe).

s'Käuzli bietet auch Kurse, Seminare oder Einführungsveranstaltungen an für Eltern, Lehrer/innen und/oder andere philosophisch Neugierige. Kursangebote, Literaturlisten oder weitere Informationen können mit frankiertem Retourcouvert angefordert werden bei:

s'Käuzli, Kirchrain 2, CH-8479 Altikon.
Fax 052 / 336 22 91
e-mail: kaeuzli@bluewin.ch